LA
PARTIE DE CHASSE
DE HENRI IV,

COMEDIE

En trois Actes & en Prose,

Avec quatre Estampes en taille-douce, d'après les Desseins de M. GRAVELOT.

Par M. COLLÉ, Lecteur de S. A. S.
Monseigneur le Duc d'Orléans, premier
Prince du Sang

Prix, trois livres.

A PARIS,

Chez {

La Veuve DUCHESNE, rue Saint
Jacques, au-dessous de la Fontaine
S. Benoît, au Temple du Goût.
GUEFFIER, fils, rue de la Harpe
vis-à-vis la rue S. Séverin, à la
Liberté,

M. DCC. LXVI.

Avec Approbation & Privilege du Roi.

A

SON ALTESSE SÉRÉNISSIME

MONSEIGNEUR,

LE DUC D'ORLEANS,

PREMIER PRINCE DU CANG,

MONSEIGNEUR,

Vous m'avez déja permis de vous dédier Dupuis & Desronais ; vous me défendîtes alors toute espece d'éloges. Vous me permettez aujourd'hui d'offrir à votre ALTESSE SÉRÉNISSIME, LA PARTIE DE

CHASSE DE HENRI IV ; & vous me renou-
vellez cette même défense. Heureusement,
MONSEIGNEUR, que tout puissant que vous
êtes, vous ne pouvez pas imposer au Public
le silence que vous m'ordonnez. Je me borne
donc à vous renouveler les assurances de
l'attachement inviolable, & du très-profond
respect avec lesquels je suis,

MONSEIGNEUR,

De votre ALTESSE SERENISSIME,

Le très-humble & très-obéissant
Serviteur, COLLÉ.

AVERTISSEMENT.

Les noms de Henri IV & de Sully font fi chers à la Nation, qu'un Auteur peut prefque fe flatter de la réuffite d'un Ouvrage, dans lequel il a le bonheur de rappeler la mémoire adorée de ce grand Roi, & de ce digne Miniftre.

Cette idée, qui m'a infpiré quelque confiance, me fait donner aujourd'hui au Public, ma Comédie DE LA PARTIE DE CHASSE DE HENRI IV.

Le titre feul de la Piece annonce affez que je n'ai point eu la prétention de montrer dans une Comédie le grand Roi, le premier Capitaine de fon fiécle, le Politique équitable, le Conquérant légitime, &c. Cette entreprife auroit été au-deffus de mes forces.

Ce font feulement quelques inftans de fa vie privée que j'ai faifis; c'eft (fi l'on veut me paffer cette expreffion) le *Héros en defhabillé*, que j'ai effayé de peindre.

Par cette raifon, j'ai cru qu'il étoit de l'effence de mes caractères, dans le premier Acte même de ma Piece, où j'ai été obligé de prendre un ton plus élevé, que dans les deux autres, de faire néanmoins parler les deux grands Hommes que j'introduis fur la Scène, avec ce *Langage de la*

A iv

familiarité qu'ils avoient réellement enfemble, & que l'hiftoire leur donne ; de conferver à Henri IV fes façons de s'exprimer qui font confacrées ; & (fi j'ofois le dire,) cette *Bonhommie adorable*, qui d'ailleurs, dans un Prince, a bien fa dignité particuliere.

Auffi doit-on prévenir les perfonnes qui voudroient jouer cette Comédie dans leurs Sociétés, que fon exécution demande la plus grande vérité, & la plus naïve fimplicité ; qu'il faut par conféquent que les Acteurs s'éloignent de quelque efpèce de déclamation que ce foit ; il faut dans les Scènes férieufes, ou intéreffantes, que leur jeu foit naturel, & que leurs tons foient nobles, fans avoir rien de guindé.

J'ai affifté à des repréfentations de cette Piece, jouée dans cet efprit, & dans un point de vérité & de perfection, que je n'aurois jamais imaginé que l'on pût atteindre. D'après ce que j'ai vû, je pourrois affurer que cette Comédie ainfi rendue, eft d'un grand effet théâtral, & fait aux Spectateurs l'illufion la plus complette, fur-tout lorfque l'on y joint (comme je l'ai encore vû,) le coftume des habits à la diverfité des décorations analogues au fujet.

Je ne dois pas laiffer ignorer que j'ai pris l'idée, & une partie du fond de ma Piece *d'une Comédie Angloife*, dont la traduction eft imprimée. Le Public judicieux distinguera facilement ce que je dois à l'Auteur Anglois, d'avec ce qui m'est propre. L'on verra aussi que les Mémoires de Sully ne m'ont pas été inutiles.

M. Sedaine, dont les talens & le génie marqué pour le Théâtre sont si connus, n'a pas dédaigné de puiser dans la même source que moi : c'est de cette même *Comédie Angloise* qu'il a tiré *le Roi & le Fermier*, ainsi qu'il l'a avoué lui-même, en le faisant imprimer. Le succès brillant qu'il a eu, & qu'il continue d'avoir, justifie le choix qu'il a fait de ce sujet. Heureusement nous ne nous sommes nullement rencontrés dans la maniere dont nous en avons tiré parti, l'un & l'autre ; tout ce qui me reste à desirer à présent, c'est que mon succès ne soit pas différent, & approche un peu du sien.

PERSONNAGES.

HENRI IV, Roi de France.

Le DUC DE SULLY, *son premier Ministre*.

Le DUC DE BELLEGARDE, *Grand Ecuyer*.

Le MARQUIS DE CONCHINY, *Favori de la Reine*.

Le MARQUIS DE PRASLIN, *Capitaine des Gardes.* } *Personnages muets.*

Différens Seigneurs de la Cour.

Deux Gardes du Corps.

La BRISÉE, SAINT-JEAN, } *Officiers des Chasses de la Forêt de Fontainebleau.*

MICHEL RICHARD, dit MICHAU, *Meûnier à Lieursain.*

RICHARD, fils de Michau, *Amoureux d'Agathe.*

MARGOT, *Femme de Michau.*

CATAU, fille de Michau, *Amoureuse de Lucas.*

LUCAS, *Paysan de Lieursain, Amoureux de Catau.*

AGATHE, *Paysanne de Lieursain, Amoureuse de Richard.*

Un BUCHERON.

Deux BRACONNIERS.

Un GARDE-CHASSE, *demeurant à Lieursain.*

Relevez-vous, mais relevez-vous donc Rosine !
Ils vont croire que je vous pardonne.

LA
PARTIE DE CHASSE
DE HENRI IV,
COMEDIE
En trois Actes & en Profe.

ACTE I.

La Scène eſt à Fontainebleau dans la Galerie des Réformés ; au bout de laquelle eſt l'anti-chambre du Roi.

SCENE PREMIERE.

Le Duc de BELLEGARDE, Le Marquis de CONCHINY ; *tous deux en uniforme de chaſſe.*

Le Marquis de CONCHINY, *d'un air triſte.*

Nous voici donc depuis quatre jours à ce Fontainebleau,.... & nous allons partir dans

deux heures pour la Chaſſe, mon cher Duc de
Bellegarde?

Le Duc de BELLEGARDE,   *à part.*

Mon cher Duc de Bellegarde!... le fat!...
haut. Oui, mon très-cher Marquis de Conchiny;
nous allons aujourd'hui prendre un cerf,....
peut-être deux;... & au retour nous ſoupons
avec le Roi; (car il vous a nommé auſſi, vous,
Monſieur,) *d'un air myſtérieux.* Cela s'arrange mer-
veilleuſement avec vos vuës que j'ai pénétrées...
Pour moi,....cela me contrarie un peu,... mais
cela fait le déſeſpoir à coup ſûr d'une très-grande
Dame qui ne m'avoit pas deſtiné à ſouper ce ſoir
avec le Roi.

Le Marquis de CONCHINY.

Je vous en livre autant. Et cette chaſſe,...
& ce ſouper ſur-tout,.... que dans tout autre
tems j'euſſe deſiré avec paſſion,....me déſolent
dans ce moment-ci.

Le Duc de BELLEGARDE, *d'un air leger.*

Vous déſolent, Monſieur de Conchiny?.....
Eh! mon Dieu oui, je ſçais bien; & vous me
dîtes encore hier au ſoir que votre deſſein étoit
d'aller faire aujourd'hui un tour à Paris, pour
voir votre petite Agathe..... *d'un ton plus ſérieux.*
Mais, mon très-cher Monſieur, vous n'êtes pas
aſſez conſtamment dans les bonnes grâces du Roi,

our que ce contre-tems-ci (si c'en est un si grand que l'honneur de souper avec votre Maître ,) uisse tant vous désoler.

Le Marquis de CONCHINY.

D'accord, Monsieur le Duc; & je sens bien que je dois tout sacrifier, pour suivre ici cette grande affaire que vous sçavez....

Le Duc de BELLEGARDE, *l'interrompant.*

Eh ! y a-t-il donc à balancer? Oh! Monsieur, il faut faire marcher les affaires d'abord.... Que les femmes viennent après, rien n'est plus juste; on leur donne ensuite son tems, s'il en reste.

Le Marquis de CONCHINY.

Je conviens de tout cela; mais c'est que vous ignorez que dans l'instant même, je reçois une lettre de Fabricio, de mon Valet de chambre de confiance, de celui qui a chez moi le détail de ces choses-là;......... & .... ce négligent coquin me marque que cette petite Paysanne s'est sauvée hier dès le grand matin, en attachant ses draps à sa fenêtre, de la maison de Paris, où je la faisois garder à vuë par ce maraud-là.

Le Duc de BELLEGARDE, *d'un air surpris.*

Agathe s'est enfuie de chez vous?..... Je ne conçois rien à cela. Comment ! eh ! à quoi en étiez-vous donc avec elle ?

Le Marquis de CONCHINY.

J'en étois.... j'en étois à rien.

Le Duc de BELLEGARDE.

A rien! allons donc, quel conte!

Le Marquis de CONCHINY,

Oh! à rien, ce qui s'appelle rien.

Le Duc de BELLEGARDE.

Et mais, cela est fabuleux, ce que vous voulez me faire croire là.

Le Marquis de CONCHINY.

Ce n'est point une fable, vous dis-je; d'honneur, rien n'est plus vrai. La petite sotte aime
un animal de Paysan, qu'elle alloit époufer quand
je la fis enlever par Fabricio ;...... elle adore
Monfieur Richard ;..... le fils d'un Meunier qui
est de fon Village, qui est de Lieurfain.

Le Duc de BELLEGARDE, *d'un air railleur*.

Un Payfan de Lieurfain!..... l'héritier pré-
fomptif d'un Meunier! voilà ce qui s'appelle un
rival à craindre! comment diable! voilà des
obstacles qui ont dû vous arrêter tout court.

Le Marquis de CONCHINY.

Ne penfez pas rire, Monfieur le Duc, ils ont
été infurmontables, du moins pour moi. C'est
que c'est une vertu!..... c'étoit des fureurs....
Quoi donc! une fois n'a-t-elle pas penfé fe poi-
gnarder avec un couteau qu'elle trouva fous fa

I. OFFICIER des Chasses

Oh ! oui, il assure que c'est un cerf dix cots.... Oh ! il vous conduira loin.... que sçait-on ? .... peut-être jusqu'à Rosny,.... *d'une voix basse & d'un air de mystere, au Duc de Bellegarde :* où l'on dit que Monsieur de Sully est exilé d'hier au soir.

II. OFFICIER des Chasses, *d'un air important.*

Non, il n'est parti que de ce matin,..... la nouvelle est-elle vraie, Monsieur le Duc ?

Le Duc de BELLEGARDE, *avec indignation.*

Eh fi donc ! eh ! non, Messieurs, il n'y en a point de plus fausse.

Le Marquis de CONCHINY.

Et qui ait moins d'apparence ; je viens de le voir entrer au Conseil avec le Roi.

I. OFFICIER des Chasses, *d'un air d'humeur.*

J'aimerois bien mieux qu'il fut entré dans son exil ; il ne continueroit pas là ses injustices, qu'il appelle des Economies Royales.

II. OFFICIER des Chasses.

Cela est vrai ; car tout récemment encore, il vient de nous supprimer de nos droits ; & sûrement c'est pour en profiter lui-même ; je suis bien certain qu'il ne revient rien au Roi de ces retranchemens-là.

Le Duc de BELLEGARDE, *d'un ton à imposer.*

Doucement, Messieurs, doucement, parlez avec plus de retenue & de respect d'un si grand Ministre.

Le Marquis de CONCHINY.

Messieurs, Monsieur le Duc de Bellegarde a raison ; il ne faut jamais dire du mal des gens en place, *à part,......* tant qu'ils y sont.

Le Duc de BELLEGARDE.

Allons, allons, Messieurs, laissez-nous.

Ces deux Officiers se retirent dans la piece du fond, où ils restent jusqu'à la fin de l'Acte.

SCENE III.

Le Duc de BELLEGARDE, Le Marquis de CONCHINY.

Le Marquis de CONCHINY, *vivement.*

EH bien ! Monsieur le Duc, vous voyez par ce bruit général de l'exil de Monsieur de Sully, la preuve du desir que l'on en a ;... ma foi, je ne m'éloignerai pas. Je ne veux m'occuper que du souper de ce soir ;..... & d'y saisir l'occasion de parler au Roi, pour achever de le désabuser de son Monsieur de Rosny, que je crois actuellement perdu, fi vous voulez y donner les mains.

Le Duc de BELLEGARDE.

Eh bien, tenez : je ferois fâché qu'il le fût ; au vrai, j'en ferois fâché ; car j'aime la perfonne de Monfieur de Sully, moi : mais cependant on ne fçauroit s'empêcher de defirer un peu qu'il ne foit plus en place, car dès qu'on demande la moindre grâce, l'on rencontre toujours en fon chemin l'humeur infléxible de ce cher homme-là ,.... & cela eft excédent.

Le Marquis de CONCHINY, *vivement.*

Sans doute ; & c'eft ce caractère intraitable & qui ne fe plie point, qui auroit dû vous engager, Monfieur le Duc, à vous mettre de notre partie, qui eft bien liée..... Pour vous y déterminer, je vais m'ouvrir entierement à vous, j'ofe vous affurer d'abord, que pour peu que nous fuffions appuyés d'ailleurs, notre homme feroit bien-tôt culbuté, je vois cela clairement. La Signora Galigaï eft fublime pour ces fortes d'opérations-là, c'eft elle qui a tout conduit ,.... c'eft un génie.

Le Duc de BELLEGARDE.

Oui, c'eft une femme adroite, à ce qu'ils difent tous.

Le Marquis de CONCHINY, *très-vivement.*

Oh ! elle eft admirable ! indépendamment des

Ecrits satyriques, & des Pasquinades qu'elle a fait semer à la Cour contre Monsieur de Rosny , (& que je crois même qu'elle a fait composer,) c'est encore par ses soins & d'après ses recherches, que le Public a été inondé de Mémoires véridiques & sanglans, qui dévoilent toutes les malversations de Monsieur de Sully , & qui démasquent ses projets ambitieux & criminels..... Ensuite je sais qu'elle a fait passer jusqu'au Roi , par des personnes sûres & honnêtes, des accusations plus directes, où le vrai est si bien mêlé avec le vraisemblable , qu'à moins d'un miracle, je le défie de s'en tirer.

Le Duc de BELLEGARDE.

Monsieur ,..... Monsieur ,.... je ne serois point surpris qu'il s'en tirât encore, il a de furieuses ressources dans l'ascendant qu'il a pris sur l'esprit du Roi , & dans l'inclination naturelle que ce Prince a toujours eue pour lui.

Le Marquis de CONCHINY , *très-vivement.*

Eh! Monsieur le Duc, c'est tout cela même qui tournera encore contre lui. Plus le Roi a eu & conserve d'amitié pour Monsieur de Sully , & plus il sera indigné de l'abus qu'il en aura fait.

Conduisant mystérieusement le Duc de Bellegarde à un coin du Théâtre , & baissant le ton de la voix.

Nous avons porté hier le dernier coup ; c'est un

écrit de M. de Rofny lui-même ; c'eſt un billet de lui que nous avons tourné contre lui ;.... & cela pourtant ſans malignité..... Après l'avoir lû, le Roi, dans la derniere colère, le lui rénvoya ſur-le-champ par la Varenne, qui vint me le redire ; & qui, ſur quelques mots échappés à Sa Majeſté, a ſemé ici le bruit de ſon exil qui s'eſt répandu, comme vous l'avez vû.... Ah ! Monſieur le Duc, ſi vous aviez voulu nous aider !

Le Duc de BELLEGARDE *légerement.*

Vous aider, moi !.... j'en ſuis bien éloigné, Monſieur de Conchiny, aſſurément ; & comme je vous l'ai dit ; il me reſte toujours pour ce chien d'homme-là un fond d'amitié, dont je ne ſçaurois me débarraſſer...... Et puis d'ailleurs, c'eſt que je ſuis ſi peu fait à l'intrigue, j'y ſuis ſi gauche, que j'aime cent fois mieux me trouver à une ſurpriſe de Place, que dans une tracaſſerie de Cour. J'y ſuis moins mal-adroit, vous dis-je.

Le Marquis de CONCHINY, *ſouriant.*

Monſieur le Duc, vous avez plus d'adreſſe que vous n'en voulez faire paroître. La vôtre dans ce moment-ci ne m'échappe pas ; & voici en quoi elle conſiſte, vous profiterez de l'effet de la mine, s'il eſt heureux ; & au cas qu'elle ſoit éventée, vous ne pourrez pas même être ſoupçonné d'avoir été un des Ingénieurs.

Le Duc de BELLEGARDE *d'un air férieux & fier, & avec beaucoup de hauteur.*

Un moment, Monfieur, s'il vous plaît ; vous ne pouvez, ni ne devez penfer que....

Le Marquis de CONCHINY *l'interrompant, d'un air foumis & refpectueux.*

Eh non, non, Monfieur le Duc ; je vois à préfent ce que je puis , & ce que je dois penfer de votre inaction. Tenez : votre vieille franchife, à vous autres Seigneurs François, vous fait regarder toute intrigue, même la plus jufte, comme un mal ; moi, je n'y en trouve aucun ; au contraire, vû celui que Monfieur de Rofny caufe dans le Royaume, c'eft une obligation que la France nous aura, à la Signora Galigaï, & à moi, d'avoir intrigué pour la délivrer de ce Miniftre-là. Dans tout ceci notre intention eft bonne, nous ne voulons que le bien du Fran-çois, nous autres.

Le Duc de BELLEGARDE *d'un air railleur.*

Oh ; je fçais bien que c'eft-là votre but...... mais voici le Roi qui fort du Confeil.

Le Duc de CONCHINY, *bas au Duc de Bellegarde.*

Monfieur de Sully l'accompagne. Ils ont tou-jours l'air du plus grand froid, ils font toujours mal enfemble ; cela eft excellent !

SCENE IV.

HENRI, *en uniforme de chaſſe*, le Duc de SULLY, *en habit ordinaire*, le Duc de BELLEGARDE, le Marquis de CON-CHINY, ſuite de COURTISANS, & les deux OFFICIERS des Chaſſes *qui ſe tiennent tous à la porte de l'antichambre du Roi.*

HENRI, *s'avançant avec le Duc de Sully, auquel il marque avoir envie de parler d'abord; il ſe contient & ſe retourne vers le Duc de Bellegarde.*

BON jour, mon cher Bellegarde; bon jour, Monſieur de Conchiny; *à Sully.* Le Conſeil a fini plutôt que je ne croyois, Monſieur de Sully, notre rendez-vous n'eſt qu'à midi, Meſſieurs; nous aurons du tems pour tout.

Le Duc de BELLEGARDE.

Ma foi, Sire, votre Majeſté aura aujourd'hui un tems admirable pour ſa Chaſſe.

HENRI *d'un air inquiet.*

Oui; l'on ne pouvoit pas deſirer une plus belle journée pour cette ſaiſon-ci,...... pour l'automne.

Le Duc de SULLY.

Avant ſon départ, Votre Majeſté n'auroit-

elle point encore quelques autres ordres à me
donner?

HENRI, *d'un air froid & gêné.*

Non, Monſieur; il me ſemble vous les avoir
tous donnés dans le Conſeil,.... à moins que
vous-même, vous n'ayez quelque choſe de particulier à me dire.

Le Duc de SULLY.

Non, Sire; je ne crois avoir rien oublié.....
Ah! pardonnez-moi, je me rappelle à préſent
l'affaire du brave Crillon, & je vais de ce pas
chez lui pour....

HENRI, *l'interrompant avec un air*
d'impatience.

Vous n'auriez pas le tems de finir avec Crillon,
Monſieur, il vient à la Chaſſe avec moi.... Mais,
n'auriez-vous rien à me dire, *de l'air de l'embar-*
ras, qui vous regardât, vous, Monſieur?....
Tenez, auriez-vous le loiſir de m'attendre ici un
moment?...cela ne vous gêne-t-il point, Monſieur?
Le Duc de SULLY, *s'inclinant profondément.*

Moi, Sire! ma vie & mon tems ont toujours
appartenu à Votre Majeſté. Dans l'inſtant même,
ſi vous l'ordonnez.....

HENRI *d'un air plus affectueux.*

Non, dans cet inſtant-ci, il faut que j'aille
voir la Reine, que j'aille embraſſer mes enfans,

je m'en meurs d'envie. Attendez-moi ici même,
dans cette galerie... *d'un air contraint :* il faut
bien que je vous parle de vous, puisque vous
ne voulez point m'en parler le premier .....
Vous, mon cher Bellegarde, suivez-moi; vous
n'entrerez pas chez la Reine, il est de trop bonne
heure; il ne fera pas encore grand jour; mais,
en y allant, j'ai un mot à vous dire sur votre
Gouvernement de Bourgogne. Venez avec moi,
mon ami.

*Le Roi sort avec M. de Bellegarde, une partie
de ses Courtisans le suivent ; les autres restent dans
la piece du fond, avec les deux Gardes - Chasses.
M. de Sully & M. de Conchiny s'avancent.*

SCENE V.

Le Duc de SULLY, le Marq. de CONCHINY.

Le Marquis de CONCHINY *à part.*

F Aisons parler Monsieur de Sully; il lui échap-
pera sûrement quelques propos indiscrets &
pleins de hauteur, & je les rendrai au Roi ce
soir, tels qu'il me les aura tenus; *haut.* Vous me
voyez, Monsieur le Duc, dans la plus grande
joie de l'entretien particulier que le Roi veut
avoir avec vous. Vous dissiperez facilement tous

les nuages qui se sont élevés contre vous & lui, depuis quelque tems … je le défire bien vivement du moins.

Le Duc de SULLY , *d'un air froid.*

Je vous en ai toute l'obligation que je dois vous en avoir, Monfieur de Conchiny.

Le Marquis de CONCHINY *très-vivement.*

Ah , Monfieur ! qu'un grand Miniftre eft à plaindre ! l'envie & la calomnie le pourfuivent fans relâche ; avec tout autre Prince que notre Monarque, je craindrois que…

Le Duc de SULLY *l'interrompant d'un ton fier.*

Oui, mais avec lui je n'ai rien à craindre, & je ne crains rien, Monfieur.

Le Marquis de CONCHINY *très-vivement.*

Vous pouvez avoir raifon avec ce Prince-ci, qui a toujours devant les yeux vos fervices en tout genre ; … qui fe fouvient que dans les premiers tems vous lui avez facrifié votre fortune ; que vous avez expofé mille fois votre vie à fes côtés , que des bleffures dont vous êtes couvert, vous en avez encore…

Le Duc de SULLY *l'interrompant avec impatience.*

Eh! Monfieur, de grace, abrégeons.

Le Marquis de CONCHINY *continuant.*

Je n'en dis point trop , Monfieur, & le Roi

doit toujours avoir préfent à l'efprit, que vous
avez négocié au-dedans, avec tous les Grands
de fon Etat, defquels il a été obligé de racheter
fon Royaume piece à piece.... Qu'au dehors
vos négociations ont encore été plus brillantes;
il ne doit pas lui fortir de la mémoire que la feue
Reine Elifabeth vous donna à Londres....

Le Duc de SULLY, *avec une impatience encore
plus vive.*

Vive Dieu! Monfieur, encore une fois, finiffons.
Toutes ces louanges fi finceres, ne me tourneront
point la tête, je vous en préviens. Voyons; à
quoi en voulez-vous venir?

Le Marquis de CONCHINY, *avec la plus
grande vivacité.*

J'en veux venir, Monfieur le Duc, à la con-
féquence de tout cela : c'eft qu'il eft impoffible
que le Roi n'ait pas confervé pour vous au
fond de fon cœur, toute la reconnoiffance qu'il
doit à vos fervices; & je vous fupplie de me
dire, fi vous n'êtes pas de la derniere furprife,
que ce Prince, après toutes les obligations qu'il
vous a, & connoiffant auffi bien votre ame,
puiffe un inftant prêter l'oreille aux imputations
calomnieufes, dont on ne ceffe de vous noircir
dans fon efprit depuis quelques mois.

Le Duc de SULLY , *avec un air froid & railleur.*

Tenez, Monſieur de Conchiny, ... avec un homme moins franc que vous ne l'êtes, ... & qui n'auroit pas le cœur ſur les lévres comme vous l'avez, je pourrois imaginer que la queſtion que vous me faites-là, feroit tout-à-fait inſidieuſe, & qu'il me feroit également dangereux d'y répondre , ou de me taire ; mais avec vous...

Le Marquis de CONCHINY *l'interrompant.*

Moi, qui vous ſuis dévoué , & qui ...

Le Duc de SULLY *l'interrompant auſſi.*

Oh! Je le ſçais bien , Monſieur de Conchiny ! auſſi je vous dis qu'avec tout autre que vous , ſi je gardois le ſilence dans ce cas-ci , ce ſilence pourroit être interprêté au Roi, (par-tout autre que par vous,) comme l'effet d'un fierté criminelle ; & que ... ſi je parlois, au contraire, & que je convinſſe de la facilité prétendue du Roi à croire mes ennemis, j'offenſerois injuſtement mon Maître & mon bienfaiteur.

Le Marquis de CONCHINY.

Oui , j'entends très-bien ...

Le Duc de SULLY *l'interrompant.*

Cependant, Monſieur, malgré les riſques qu'il y auroit à courir, en s'expliquant dans une circonſtance ſi délicate , je dirois à ce quelqu'un.

d'artificieux, de mal-intentionné, & qui vien-
droit pour fonder mes fentimens fur tout cela,
ce que je vous dirai à vous-même, Monfieur de
Conchiny, ce que je dirois à mon meilleur ami :
c'eft qu'ayant toujours vécu fans reproches, &
comptant fermement fur la juftice du Roi, je
fuis fi perfuadé, fi convaincu d'ailleurs de fes
bontés pour moi, que quand j'entendrois de la
bouche même de Sa Majefté, qu'elle m'abandon-
ne, je ne l'en croirois pas ; & que j'imaginerois
que fa langue a trompé fon cœur.

Le Marquis de CONCHINY *d'un air d'embarras.*

Ah ! Monfieur ! ... oui ; ... mais gardez-vous
bien de vous livrer... à cette confiance aveu-
gle, ... & voyez...

Le Duc de SULLY *d'un air fier, & avec un
mépris marqué.*

Je ne vois rien, & ne veux rien voir que cela,
Monfieur. Ce font les purs fentimens de mon
ame, & que vous pouvez rendre à Sa Majefté
dans les mêmes termes .... Dans les mêmes termes, ... c'eft ce que je n'attends pas de vous ;
cependant, Monfieur, fi vous voulez que je vous
parle à préfent d'un ftyle plus clair & moins
figuré ...

Le Marquis de CONCHINY , *troublé.*

Comment, Monſieur !... moi ! pourriez-vous me croire capable? ... Mais voici le Roi de retour.

SCENE VI.

HENRI IV, Le Duc de SULLY.

*L*E *Roi s'arrête à la porte de la Galerie. Le Duc de Sully & le Marquis de Conchiny vont à lui ; ce dernier entre dans l'antichambre du Roi ; il doit y reſter en vue avec le Duc de Bellegarde pendant la Scène ; M. le Marquis de Práſlin & quelques autres Perſonnages muets , ainſi que les Officiers des Chaſſes ci-deſſus, reſteront auſſi dans cette piece , & marqueront leur curioſité & leur inquiétude de l'événement de cet entretien.*

HENRI *donnant ſes ordres à l'entrée de la galerie.*

Bellegarde , d'Aumont , Briſſac , Dupleſſis , Matignon , Villars , la Châtre , Clermont , & vous auſſi Monſieur de Montmorenci , tenez-vous tous quelques momens dans cette piece-ci, je vous prie ; nous partirons après pour la Chaſ-ſe ; mais j'ai à parler auparavant , en particulier , à Monſieur de Sully .... Marquis de Praſlin ?

Le Marquis de PRASLIN. *

Sire...

HENRI *au Marquis de Praslin.*

Tenez-vous auſſi là-dedans ; & mettez à cette porte deux de mes Gardes en ſentinelle, avec la conſigne de ne laiſſer entrer perſonne dans ma Galerie. N'en faites pourtant pas fermer les portes ; je ne m'embarraſſe pas que l'on nous voie, mais je ne veux pas que l'on ſoit à portée de nous entendre.

M. de Praslin poſe lui-même les deux ſentinelles en dehors de la Galerie.

HENRI *prennant M. de Sully par la main, & l'amenant ſans rien dire juſqu'au bord des lampes, quittant enſuite ſa main, il le regarde, & reſte un moment ſans parler.*

Eh bien ? Monſieur, la façon dont nous ſommes enſemble, depuis ſix ſemaines ; le froid que je vous marque, & la contrainte dans laquelle nous vivons vis-à-vis l'un de l'autre ; vous vous accommodez donc de tout cela, Mon-

---

* *Note Hiſtorique.* Charles de Choiſeul, Marquis de Praslin, mort Maréchal de France en 1629, étoit Capitaine des Gardes de Henri IV. Ce fut lui qui en 1602, arrêta le Comte d'Auvergne au Château de Fontainebleau.

fieur ? vous n'en êtes donc point inquiet ?

Le Duc de SULLY , *d'un air noble &*
respectueux.

Sire , avec tout autre Prince que Henri , je
me croirois perdu , en voyant que vous m'avez
retirez cette bonté familière que vous me témoi-
gniez toujours ; mais avec Votre Majesté , j'ai
pour moi votre équité , vos sentimens ; ... ose-
rois-je dire votre amitié , & mon innocence !
tout cela me rassure & je suis tranquille.

HENRI , *d'un air un peu attendri.*

Cette tranquillité peut marquer , je vous l'a-
voue , le témoignage d'une conscience pure , &
qui n'a point de reproches à se faire ; mais, cependant, Monsieur , vous ne pouvez pas ignorer que toute la France crie , & m'adresse des
plaintes contre vous , & vous gardez le plus
profond silence.

Le Duc de SULLY , *d'un air ferme & res-*
pectueux.

Oui, Sire ; c'est dans un silence respectueux
que je dois attendre que Votre Majesté m'ouvre la bouche sur des faits , dont il n'y a pas
un seul qui ne soit de la plus grossière calomnie...
Parler le premier à Votre Majesté , de toutes ces
imputations odieuses & absurdes , c'eût été en
quelque façon leur donner du crédit & en re-

connoître

main, & que j'eus toutes les peines du monde à lui arracher.

Le Duc de BELLEGARDE, *d'un air badin.*

Fort bien, continuez, Monfieur, vous rendez de plus en plus votre petit roman fort vraifemblable; car enfin rien n'eft plus commun que de voir un femme fe tuer,..... & fur-tout quand on l'en empêche.

Le Marquis de CONCHINY, *vivement.*

Oh! parbleu, elle ne jouoit pas cela, elle y alloit bon jeu, bon argent.

Le Duc de BELLEGARDE, *d'un ton badin.*

Tout de bon? celà étoit férieux!... mais c'eft du vrai tragique, en ce cas-là.

Le Marquis de CONCHINY, *fans l'écouter; & après avoir rêvé on moment.*

J'aurois toutes les envies du monde dè vous laiffer courre votre cerf à vous autres;.... & de pouffer jufqu'à Paris, moi; fi le rendez-vous de la chaffe étoit de ce côté-là..... Eh! parbleu; j'apperçois là-dedans deux Officiers des chaffes, permettez-vous que je fçache deux?.... Meffieurs, Meffieurs, un mot, s'il vous plaît.

SCENE II.

Le Duc de BELLEGARDE, Le Marquis de
CONCHINY, les deux OFFICIERS
des Chasses.

Les OFFICIERS des chasses. *ensemble.*

Que souhaitez-vous, Monsieur le Marquis ?
Le Marquis de CONCHINY.

Dites-moi un peu, Messieurs ; de quel côté de
la forêt est le Rendez-vous de la chasse aujour-
d'hui ?

I. OFFICIER des Chasses.

Monsieur le Marquis, c'est au carrefour de
Chailly.

Le Marquis de CONCHINY.

Eh ! où est ce carrefour-là ?

II. OFFICIER des Chasses.

Eh mais, Monsieur le Marquis, c'est à près de
trois lieues d'ici ;... en tirant droit vers Paris ,.... &
par le rapport que nous en avons entendu faire à
La Brisée qui a détourné le cerf au buisson des
Halliers, il vous fera faire du chemin ; il a les
pinces & les os gros, il est fort bas jointé ; &
par les fumées (a-t-il dit,) qu'il a vues dans les
Gaignages , il se juge tout aussi cerf qu'il l'est à
coup sûr par le pied.

I. OFFICIER

connoître la vérité. Il ne me convient pas de craindre de pareilles accusations, auxquelles vous-même ne croyez pas, Sire.

HENRI, *avec bonté.*

Eh mais, mais...

Le Duc de SULLY, *reprenant avec force.*

Non, Sire, vous n'y croyez pas. Il n'y a qu'une seule de ces accusations qui ait quelque air de la vérité, ou pour mieux dire, de la vrai-semblance. *Tirant de sa poche un papier.* C'est ce billet de moi, que vous me renvoyâtes hier au soir par la Varenne; quatre mots que j'ai mis au bas, vous en développeront toute l'énigme. Que Votre Majesté daigne jetter les yeux sur l'explication que j'en donne. *Il donne au Roi ce papier.*

HENRI.

Je tombe de mon haut. *Prenant la main du Duc de Sully.* Ah! Monsieur de Rosny! comme ils m'ont trompé! les cruelles gens!

Le Duc de SULLY.

Quant aux satyres; & sur-tout, Sire, au li-belle fait par Juvigny, avec tant de force de style & d'éloquence, & que j'ai lû tout aussi bien que Votre Majesté...

HENRI, *l'interrompant avec feu.*

Quoi! vous l'avez lû, Rosny? & vous n'êtes

pas venu tout de fuite, pour vous expliquer avec moi?

Le Duc de SULLY *l'interrompant.*

Non, Sire, je l'ai méprifé. Ce n'eft pas que fi Votre Majefté m'en eût parlé la premiere, j'euffe voulu, & que je veuille encore avoir l'orgueil criminel de ne point entrer dans les détails d'une juftification qui doit...

H E N R I, *l'interrompant.*

Qu'appellez-vous juftification, mon ami? Ventrefaintgris, l'éclairciffement que vous me donnez fur ce billet, répond lui feul à tout; à tout; & je n'ai plus rien à entendre.

Le Duc de SULLY, *avec le plus grand feu.*

Pardonnez-moi, Sire, il eft de toute néceffité que vous ayez la bonté d'entendre ma juftification, & la voici.... Depuis trente-trois ans je vous fers; j'ofe dire plus, je vous aime. A mon attachement inviolable pour Votre Majefté, fe joint l'honneur, dont je ne me fuis & dont je ne veux jamais m'écarter; ils fe réuniffent l'un & l'autre à mon intérêt perfonnel, qui eft de vous fervir jufqu'à mon dernier foupir... ce font là mes vrais fentimens... Pour vous perfuader au contraire, ou que je veux, ou que je puis vous trahir, mes ennemis couverts, ces petites gens, n'établiffent dans leurs propos, &

dans leurs libelles, que des poſſibilités purement chimériques... Eh! en effet, quel ſeroit mon but dans une trahiſon priſe dans le grand?... De me mettre votre Couronne ſur la tête?... Vous ne me croyez pas aſſez dépourvû de jugement pour tenter l'impoſſible? De la faire paſſer à quelqu'autre branche de votre Maiſon, ou à quelque Puiſſance étrangere? ah! mon Prince! ah, mon Héros! quel autre Monarque, quelles Puiſſances, quels Etats, peuvent jamais élever ma fortune auſſi haut, que vous avez élevé la mienne?

HENRI, *le ferrant dans ſes bras.*

Ah! mon cher Roſny! mon cher Roſny!

Le Duc de SULLY, *pourſuivant avec feu.*

Ah, mon cher Maître! vous le ſerez toujours... Vous m'aimez, vous m'eſtimez... oui, Sire, vous m'eſtimez au point, que j'ai la noble préſomption de croire que vous n'avez point eu (dans cette affaire ci-même) de ſoupçons réels ſur ma fidélité; ce que j'appelle de véritables ſoupçons. Non, Sire, vous n'en avez point eu.

HENRI, *reprenant vivement.*

Pour de vrais ſoupçons, non, mon ami, je n'en ai point eu; à peine étoit-ce de légeres inquiétudes, ... & ſi foibles encore, qu'elles n'avoient aucune tenue. Eh! tien: mon cher Roſ-

ny, je vais t'ouvrir mon cœur : je n'euſſe même
jamais eu ces légeres inquiétudes ; jamais l'on
ne fût parvenu à me donner les moindres om-
brages ſur ta fidelité, ſi nous euſſions tous les
deux vécu dans un autre tems. Mais dans ce ſiécle
affreux, dans ce ſiécle de troubles, de conſpira-
tions, de trahiſons ; où j'ai vu, où j'ai éprouvé les
plus noires perfidies, de la part de ceux que j'avois
traité comme mes meilleurs amis ; où j'ai penſé
être mille fois le jouet & la victime de la ſcélé-
rateſſe de leurs complots ;... tu me pardonneras
bien, mon cher ami, ces petites échappées de
défiance... Je les réparerai, Monſieur de Roſny,
par de nouveaux bienfaits, qui porteront au
plus haut degré d'élévation, & vous & votre
Maiſon. Je veux que...

Le Duc de SULLY, *l'interrompant avec feu:*

'Arrêtez, Sire, vos bontés pour moi iroient
peut-être trop loin ; il faut y mettre des bornes.
Vos malheurs, & les plus noires ingratitudes,
ont dû nourrir & étendre vos défiances ; que
votre cœur n'en ait plus déſormais pour moi,...
je le mérite... mais que Votre Majeſté mette la
plus grande prudence, & une extrême circonſ-
pection dans les bienfaits dont Elle voudroit
encore m'honorer... Je ſuis le premier à lui
demander à genoux, de ne jamais me donner

de Places fortes , de Principautés ; en un mot , de ne jamais me faire de ces fortes de grâces qui puffent me donner la poffibilité de me déclarer Chef de Parti , fi je voulois le tenter. Ces grâces là, Sire, font des armes qui n'en feroient jamais pour moi ; mais je veux ôter à mes ennemis le prétexte de m'en faire des crimes.

HENRI, *avec la plus grande vivacité de fentiment.*

Grand-Maître , tu n'auras jamais d'ennemis à craindre , tant que je vivrai.

Le Duc de SULLY, *après s'être incliné pour le remercier.*

'Ah ! Sire , plût à Dieu que cela fût vrai ! mais cet entretien - ci eft la preuve du contraire , & des effets cruels que peuvent produire des calomnies travaillées de main de Courtifan.

HENRI, *avec la dernière vivacité.*

Eh mais, elles n'en auroient produit aucuns, fi depuis que je vous boude, cruel homme que vous êtes ! vous euffiez voulu venir bonnement vous éclaircir avec moi...Ah! Rofny, cela n'eft pas bien à vous. Depuis trente ans que je vous ai juré amitié, moi , je n'ai rien eu fur le cœur que je ne l'aie dépofé dans votre fein : projets, affaires, plaifirs , amitiés , amours, chagrins domeftiques; je vous ai tout confié ; & vous , vous vous tenez sur la réserve pour une mince explication avec moi ! est-ce là être mon ami? ... Ah ! les larmes m'en viennent aux yeux ! ... Les Princes ne peuvent-ils donc avoir un ami?

Le Duc de SULLY, *du ton le plus attendri.*

Ah, mon adorable Maître ! cette force, cette vérité de sentiment m'éclaire à présent sur ma faute. Oui, Sire, j'ai eu tort de ne m'être pas expliqué dès le premier instant, & de ...

HENRI *avec la plus grande vivacité.*

Oui, Monsieur, & vous sentiriez encore mille fois davantage votre tort, si vous sçaviez, mon ami, ce que j'ai souffert, moi, pendant notre espece de brouillerie.Que cela n'arrive donc plus; je ne veux pas que nos petits dépits durent plus de vingt-quatre heures ; entendez-vous, Rosny ?

Le Duc de SULLY, *avec passion.*

Oh ! je les préviendrai dès leur naissance ! Ah, Sire ! ... ah, mon ami ! ...pardonnez au trouble de mon cœur, ... ce mot qui vient de m'échapper ...

HENRI, *avec la derniere vivacité.*

Appelle-moi ton ami, mon cher Rosny, ton ami. Eh ! que je l'ai bien sentie cette amitié que j'ai pour toi ! Tien : lorsque tout-à-l'heure, avant de passer chez la Reine, je me suis contraint à te faire un accueil froid, & que je t'ai appellé *Monſieur* , te rappelles-tu de ne m'avoir répondu que par une inclination de téte, & une révérence profonde ? Eh bien! en voyant ta douleur & ton attendriſſement , mon cher Roſny, peu s'en eſt fallu que dans ce moment, je ne t'aie jetté les bras au col , & que je n'aie commencé par là notre explication.

Le Duc de SULLY , *dans le dernier atten-*
driſſement & d'une voix
entrecoupée.

'Ah , Sire! ce dernier trait ... ah ! permettez qu'avec les larmes de la joie , ... & de la plus tendre ſenſibilité , ... je me précipite à vos pieds ... pour vous remercier ...

HENRI , *le relevant avec vivacité.*

Eh ! que faites-vous donc là, Roſny ? Rele-vez-vous donc ; prenez donc garde ; ces gens-là qui nous voient , mais qui n'ont pas pu en-tendre ce que nous diſions, vont croire que je vous pardonne ; vous n'y ſongez pas, relevez-vous donc.

Roſny un genou en terre reſte la bouche collée ſur
la main du Roi pendant tout ce couplet ; le Roi le
releve & l'embraſſe à pluſieurs repriſes.

SCENE VII.

HENRI , le Duc de SULLY , le Duc de
BELLEGARDE, le Marquis de CONCHI-
NY, SEIGNEURS de la fuite du Roi, les
OFFICIERS des Chaffes.

HENRI, *s'avançant vers la porte.*

Marquis de Praflin , faites relever vos fen-
tinelles. Tout le monde peut entrer ; & partons
pour la Chaffe. Mais avant que de monter
à cheval, je fuis bien aife, Meffieurs , de vous
déclarer à tous, que j'aime Rofny plus que jamais ; ... & qu'entre lui & moi, c'eft à la vie
& à la mort.

Le Duc de SULLY.

'Ah, Sire ! comment pourrai-je jamais reconnoître....

HENRI, *l'interrompant.*

En continuant de me fervir comme vous
m'avez toujours fervi , Monfieur de Rofny.

Le Duc de BELLEGARDE *au Duc de*
Sully.

'Ah! parbleu, mon cher Duc, je prends bien
part ...

Le Marquis de CONCHINY *l'interrompant.*

'Ah ! Monfieur, l'excès de ma joie ...

HENRI *l'interrompant.*

'Allons, allons; vous luí ferez tous vos complimens à la Chaſſe, où je veux qu'il vienne
avec nous.

Le Duc de SULLY.

Moi, Sire ?

HENRI.

Vous-même, mon cher Roſny, je ſçais bien
que vous n'aimez pas autrement la Chaſſe; mais
j'aime à être avec vous aujourd'hui, moi, toute
la journée, mon ami.

Le Duc de SULLY.

Je ſuis pénétré de ce que vous dites là, Sire;
cependant ſi Votre Majeſté me diſpenſoit......

HENRI *l'interrompant.*

Non, mon pauvre Roſny, ma Chaſſe ne peut
être heureuſe ſi vous n'y venez pas; & j'ai des
preſſentimens que ſi vous en êtes, il nous y ar-
rivera des avantures agréables, j'ai cela dans
l'idée. Allez donc vous habiller, & venez nous
joindre au rendez-vous; l'on n'attaquera pas
que vous n'y ſoyez. *Il lui donne un petit coup ſur
la joue, en ſigne d'amitié.*

Le Duc de SULLY.

Allons; Sire, je cours donc vîte m'habiller:
il ſort.

SCENE VIII.

HENRI, & les précédents.

HENRI.

Monsieur de Conchiny, il y aura bien des gens à qui ce racommodement-ci ne plaira pas jufqu'à un certain point.

Le Marquis de CONCHINY.

Ce n'eft pas à moi, Sire, je vous le jure.

Le Duc de BELLEGARDE.

Ma foi, Sire, ce racommodement-ci étoit defiré de tous ceux qui aiment le bien de votre Etat. Cet homme là fera toujours le bras droit de Votre Majefté, & il eft d'une habileté dans les affaires....

HENRI l'interrompant.

Qu'appellez-vous dans les affaires! ajoutez donc, à la tête de mes Armées, dans mes Confeils, dans les Ambaffades.... Je l'ai toujours préfenté avec fuccès à mes amis, & à mes ennemis; mais partons, partons.

Le Roi fort, fuivi de toute fa Cour.

Fin du premier Acte.

H. Gravelot inv.   H. H.   J. P. Rousseau sculp.

Ah? je tenons le coquin, qui vient de tirer
sur les cerfs de notre bon Roy.

ACTE II.

Le Théâtre représente l'entrée de la Forêt de Senart, du côté de Lieursain.

SCÈNE PREMIERE.

LUCAS, CATAU, habillés en Paysans du tems de Henri IV.

L'on entend un Cor de Chasse dans l'éloignement.

LUCAS.

PARGUENNE, Mamselle Catau, entendais-vous ces corneux-là ? Encore un coup, v'nais-vous-en voir la Chasse avec moi ; all'n'est pas loin d'ici ; allons du côté que j'entendons les Cors.

CATAU.

Oh! Lucas, je n'ons pas le tems ; faut que je nous en r'tournions cheux nous.

LUCAS.

Dame! c'est que ça n'arrive pas tous les jours au moins, que la chasse vienne jusqu'à Lieursain ! j'y verrons peut-être notre bon Roi Henri.

CATAU.

Vraiment, j'aurions ben envie de l'voir; car je ne l'connoissons pas pus qu'toi, Lucas; mais, il se fait tard, ma mere m'attend: faut que je l'y aide à faire le souper. Mon frere Richard arrive ce soir.

LUCAS.

Quoi! Monsieur Richard. arrive ce soir! queu plaisir! queue joie! j'asperons qu'il déterminera à mon mariage avec vous, Monsieur Michau votre pere, qui barguigne toujours...... Mais morguenne, c'est bian mal à vous de ne m'avoir pas déja dit ste nouvelle là!

CATAU.

Est-ce que j'ai pû vous la dire pus tôt donc? je viens de l'apprenre tout à stheure.

LUCAS.

Eh bian falloit me la dire tout de suite.

CATAU.

Queue raison! est-ce que je pouvois vous dire ça paravant que de vous avoir rencontré?

LUCAS.

Bon! vous pensiais bian à me rencontrer tant seulement! vous ne pensiais qu'à courir après la chasse. Est-ce là de l'amiquié donc? quand on a une bonne nouvelle à apprendre à queuqu'un?

CATAU.

Mais, voyez-donc queue querelle il me fait
pendant que je n'ai voulu voir la Chaſſe, que
parce que je ſçavois ben que je l'rencontrerions
en chemin, ce bijou là !... & il faut encore qu'il
me gronde !..... Allez, vous êtes un ingrat.

LUCAS *d'un air tendre.*

Eh! pardon, Mamſelle Catau! c'eſt que j'i-
gnorions tout ça, nous..... dame! voyais-vous,
c'eſt que j'vous aimons tant, tant, tant.

CATAU.

Eh pardi! je vous aimons ben auſſi, nous,
Monſieu Lucas; mais je n'vous grondons pas que
vous ne l'méritiais.

LUCAS *en riant.*

Oh! tatigué! vous me grondais bian queuque
fois ſans que je l'méritions; par exemple, hier
encore, devant Monſieur & Madame Michau,
ne me grondités-vous pas d'importance, à propos de ſte dévergondée d'Agathe, qui a pris ſa
volée avec ce jeune Seigneur? Dirais-vous encore que j'avions tort?

CATAU, *d'un air mutin.*

Oui, ſans doute, je le dirai encore. Je ne
ſçaurois croire, moi, qu'Agathe s'en ſoit en-
allée exprès avec ce Monſieur; c'eſt une fille ſi
raiſonnable, elle aimoit tant mon frere Richard!

'Allais, allais, il y a queuque chofe à cela que je n'comprenons pas.

LUCAS, *en fe moquant.*

Oh! jarnigoi, je l'comprends bian moi.

CATAU.

Oh! tien : Lucas, ne renouvellons pas fte querelle là, car je te gronderions encore, fi j'a vions le tems. Mais j'ons affaire. Adieu, Lucas.

LUCAS.

'Adieu, méchante.

CATAU, *lui jettant fon bouquet au nez.*

Méchante! tien vla pour t'apprenre à parler.

SCENE II.

LUCAS *feul.*

Attendais donc, attendais donc. La petite efpiégle! alle eft déja bian loin..... C'eft gentil pourtant, ça; la façon dont all' me baille fon bouquet, en faifant femblant de me l'jetter au nez! ça eft tout-à-fait agriable! *Ramaffant le bouquet, & appercevant Agathe en fe relevant.* Mais, que vois-je? ons-je la barlue! avec tous ces biaux ajuftorions là, c'eft Mamfelle Agathe; Dieu me pardonne!

SCENE III.

LUCAS, AGATHE *habillée comme une Bour-*
geoise étoffée du tems de Henri
IV, en vertugadin, en grand
collet monté, en dentelles fort
empesées, & coëffée en dentelles
noires.

AGATHE.

C'EST moi-même, mon cher Lucas; de grace
écoute-moi, un moment......

LUCAS, *l'interrompant.*

Tatigué. comm'vous vla brave, Mamselle
Agathe! vous vla vêtue comme une Princesse!
vous arrivais donc de Paris?...... de la Cour?.....
faut qu'vous y ayez fait une belle forteune, depis six semaines qu'ous êtes disparue de Lieursain? Monsieur Jerôme vôt pere, qu'est l'pûs
p'tit Fermier de ce canton, n'a pas dû vous
reconnoître.... Allais, vous devriais mourir de
pure honte!

AGATHE, *d'un air triste.*

Hélas! les apparences sont contre moi; mais
je ne suis point coupable: le Marquis de Conchiny m'a fait enlever malgré moi, & m'a fait
conduire à Paris; ce cruel m'a tenue six semai-

nes dans une efpece de prifon.... ma vertu, mon courage, & mon défefpoir, m'ont prêté les forces néceffaires pour me tirer de fes mains : je me fuis échappée, j'arrive à l'inftant, & t'ayant apperçu d'abord, & ayant à te parler, je n'ai pas voulu me donner le tems de quitter ces habits qu'on m'avoit forcée de prendre, & qui paroiffent dépofer contre mon honneur.

LUCAS, *d'un air moqueur.*

Dépofer contre mon honneur ! les biaux tarmes ! comme ça eft bian dit ! vla c'que c'eft que d'avoir demeuré, depis vôt enfance jufqu'à l'âge de quatorze ans, cheux fte fignora Léonot Galigaï, là oufque le Marquis de Conchiny eft devenu vot' amoureux. Dame ! d'avoir été élevée cheux ces grands Seigneurs, ça vous ouvre l'efprit d'eune jeune fille, ça ça vous a apprins à bian parler, & à mal agir..... Mais parce qu'ous avais de l'efprit, penfais-vous pour ça que je fommes des bêtes, nous ?..... crayais-vous que je vous crairons ? tarare ! comm'je fis la dupe de fte belle loquence là !

AGATHE.

Mais, fi tu veux bien, mon ami....

LUCAS, *l'interrompant.*

Moi, vôt ami ! après c'qu'ous avais fait ! l'ami d'eune parfide qui trahit Monfieur Richard,

à

à qui alle affure qu'all'l'aime ; & qui, par après,
le plante là, pour eun Seigneur qu'all' ne peut
époufer!... à qui all' vend fon honneur pour
avoir de biaux habits, & n'être pûs vêtue en
payfanne ! Moi, l'ami d'eune criature comm'
ça!... fi, morgué! ignia non pûs d'aniiquié
pour vous, dans mon cœur, qui gni en a fur ma
main, voyais-vous.

AGATHE.

Encore un coup, Lucas, rien n'eft plus faux
que...

LUCAS, *l'interrompant.*

Rian n'eft pus vrai... Et ça eft indigne à
vous, d'avoir mis comm' ça le troube dans not'
Village... d'avoir arrêté tout court nos maria-
ges!... J'étois prêt d'apoufer, moi, Mamfelle
Catau, la fœur de Monfieur Richard; Monfieur
Michau, fon pere, à elle, & à lui, ... Monfieur Michau, qu'eft le pûs riche Meûnier de
ce Royaume, vous auroit mariée vous-même à
Monfieur Richard fon fils, qu'eft un garçon
d'efprit... qu'a fait fes études à Melun, qui parle comme un livre, de même que vous ; ...
qui fçait le latin ; & qui à caufe de ça, & de dé-
pit de ce que vous l'avais abandonné, va, fe
dit-il, fe percipiter dans l'Eglife, à celle fin de
devenir par après not' Curé,

AGATHE.

Puifque tu ne veux pas m'entendre, dis-moi, du moins, fi Richard eft ici.

LUCAS.

Non, il n'y eft pas; il n'y fera que ce foir. N'a-t'il pas eu la duperie d'aller pour vous à Paris, Mamfelle, à celle fin de demander juftice à not' bon Roi, qui ne la refufe pas pûs aux Petits, qu'aux Grands.

AGATHE, *à part en foupirant.*

Que je fuis malheureufe! Comment me juftifier?... *haut.* Sans que je puiffe m'en plaindre, Richard aura toujours droit de conferver des foupçons odieux.

LUCAS.

Il auroit un gros tort d'en conferver, oui!...; Bon! vous larmoyez! eh ouiche! Toutes ces pleurs de femmes là font de vraies attrapes minettes.

AGATHE.

Hélas! je te pardonne de ne me pas croire fincere; mais, fi ce n'eft pas pour moi; du moins, par amitié pour Richard, rends-lui un fervice, qu'en t'appercevant au commencement de la forêt, je fuis venue te demander ici... C'eft pour lui que tu agiras.

LUCAS.

Voyons, qu'euqu'c'eft, Mamfelle ?

AGATHE, *très-affectueufement.*

C'eft un fervice qui tend à me juftifier vis-à-vis de mon amant, s'il eft poffible... De grace, rends-lui cette lettre, (*Elle lui préfente une Lettre.*) que je lui écrivois à tout hazard, & que l'occafion que je trouvai fur le champ de me fauver, ne m'a pas même laiffé le tems d'achever.... donne la lui donc; ... prends-moi en pitié,... & ne me réduis pas au défefpoir en me refufant.

LUCAS, *attendri, & fe retenant.*

Baillez-moi fte lettre, la belle Pleureufe ; je la l'y rendrons. Vous m'avais attendri ; mais ne penfais pas pour ça m'avoir fait donner dans le pagniau, non... Non, palfangué ; & je l'y parlerons conter vous, je vous en pervenons d'avance ;... Je n'voulons pas que not' ami Richard, & qui fera biantôt not' biau-frere, achetient chat en poche, entendais-vous ?

AGATHE.

Vas, ce n'eft pas toi qu'il m'importe de convaincre de mon innocence ; c'eft mon amant, c'eft fon pere, aux pieds defquels je fuis réfolue de m'aller jetter, pour leur jurer que je ne fuis point coupable. Avertis-moi feulement dès que Richard fera arrivé.

LUCAS.

Oui, oui ; je vous avertirons. Allais, allais,
je vous le pormettons.

SCENE IV.

LUCAS *feul*, *& mettant la lettre dans fa poche.*

Comme ces femelles aviont les larmes à com-
mandement ! ça pleure quand ça veut déja &
d'un,.... & pis, quand s'agit de leux honneur,
ces filles vous font d'shiftoires, d'shiftoires....
qui n'ont ni pere ni mere : & prefque toujours,
nous autes hommes, après avoir bian bataillé
pour ne les pas craire, j'finiffons toujours par
gober ça ; je fomme'affez benais pour ça.

Baiffer ici les lampes.

Et dalieure, fte petite mijaurée là, qui par fon
équipée m'a reculé, à moi, mon mariage avec
ma petite Catau, que j'aimons de tout not'cœur!
C'eft-il pas endévant çà !... Mais l'ami Richard
devroit être arrivé ; car le jour commence à tomber un tantinet. Eh mais, c'eft l'y-même !

SCENE V.

RICHARD, LUCAS.

LUCAS, *courant l'embraffer*.

PARDI, Monſieur Richard, que je nous em-
braſſions! ...encore ... morgué, encore. Jen'me
ſens pas d'aiſe, mon ami!

RICHARD.

Ah, mon cher Lucas! j'ai plus beſoin de ton
amitié que jamais, mon malheur eſt ſans reſ-
ſource.

LUCAS.

J'nous en équions toujours bian douté. Mais
comment ça, donc?

RICHARD.

Comment? tu as vu que j'étois parti pour
Paris, dans le deſſein de m'aller jetter aux pieds
de Sa Majeſté; mais ce malheureux Marquis de
Conchiny qui a ſçu mon projet, ſans doute par
ſes eſpions, dont je me ſuis bien apperçu que
j'étois ſuivi, m'a fait dire qu'il me feroit arréter
ſi je reſtois à Paris.

LUCAS.

Queu ſcélérat!

RICHARD.

Ce ne ſont point ſes menaces qui m'ont dé-

D iij

terminé à revenir ; c'eſt une lettre, qu'après cela , j'ai reçue d'Agathe. La perfide m'écrit qu'elle ne m'aime plus.

LUCAS.

All' vous avoit déja écrit?

RICHARD, *très-vivement.*

Oui , Lucas ; elle m'a écrit qu'elle ne m'aimoit plus, elle! ... elle!... Ah! ſans doute, cet infâme ſéducteur, ſoit par force , ſoit par adreſſe , eſt parvenu à s'en faire aimer lui-même! .... Elle aura été éblouie par la grandeur impoſante de ce vil Seigneur étranger.

LUCAS.

Quoi! elle l'aime, vrai?

RICHARD, *avec tranſport.*

Oui , elle l'aime ; ... elle ne m'aime plus ; ... ma rage.... Mais calmons ces tranſports qui ne font qu'irriter mes maux ; oublions la ..... Je ne la veux voir de ma vie.

LUCAS.

Oh! vous ferez très-bian. Alle eſt ici ſtapendant.

RICHARD, *très-vivement.*

Elle eſt ici! elle eſt ici !

LUCAS.

Oui, alle eſt ici de tout à ſtheure. Ell' m'eſt déja venu mentir ſur tout ça, la petite ſourbe ...

Et pour se justifier, ce dit-elle, all' m'a même baillé pour vous eune lettre, que j'ons là.

RICHARD, *encore plus vivement.*

Quoi! tu as une lettre d'elle, & pour moi? Donne donc vîte, donne donc.

LUCAS *lui montrant la lettre sans la donner.*

Tenais, la vlà; mais croyais-moi, déchirons-la sans la lire; ignia que des faussetés là dedans.

RICHARD, *la lui arrachant.*

Eh! donne toujours... Quelle est ma foiblesse! Tu as raison, Lucas; je ne devrois pas la lire. Mon plus grand tourment est de sentir que j'adore encore Agathe plus que jamais.

LUCAS.

C'est bian adoré à vous! Mais lisais donc tout haut que je voyons c'qu'a chante.

RICHARD *lisant la lettre, d'un voix altérée, & le cœur palpitant.*

Très-volontiers. *Il lit.* » Le Lundi, à six » heures du matin. N'ajoutez aucune foi, mon » cher Richard, à l'affreuse lettre que vous avez » sans doute reçue de moi; c'est le Valet de Cham- » bre du Marquis de Conchiny, ce vilain Fabri- » cio, qui m'a forcée de vous l'écrire, en m'appre- » nant que vous étiez à Paris, & que son Maître » étoit déterminé à se porter contre vous aux der- » nieres violences, si je ne vous l'écrivois pas. Il

D iv

» m'a promis en même-tems que pour prix de ma
» complaisance, l'on m'accorderoit plus de liberté:
» Ce dernier article m'a décidée ; car si l'on me
» tient parole, je compte employer cette liberté à
» me sauver d'ici ; nul danger ne m'effrayera ; je
» crains moins la mort, que de cesser d'être digne
» de vous. Je vous écris cette lettre sans sçavoir
» par où ni par qui je puis vous la faire tenir ;
» c'est un bonheur que je n'attends que du ciel qui
» doit protéger l'innocence. Je vous aime toujours,
» je n'aimerai jamais que... Mais j'apperçois que
» la petite porte du jardin est ouverte... ma fenêtre
» n'est pas bien haute, ... avec mes draps je pour-
» rai... J'y vole.

Ah, Ciel! elle sera descendue par sa fenêtre!
Eh! si elle s'étoit blessée, Lucas!

LUCAS, d'un air railleur.

Blessée! eh! je venons de la voir. Vous don-
nais donc comme un gniais dans toute st'écriture
là, vous!

RICHARD.

Comment, que veux-tu dire?

LUCAS.

Tatigué! qu'alle a d'genie st'e fille là! la belle
lettre! queu biau stile! comm' ça est en même-
tems magnifique & parfide!

RICHARD.

Quoi, Lucas, tu pourrois penfer qu'elle me trompe, qu'elle me trahit, qu'elle pousseroit la perfidie jufqu'à...

LUCAS, *l'interrompant.*

Oui, morgué, je l'croyons de refte. Ce Marquis, & elle, ils auront arrangé fte lettre là enfemblement, & par exprès, pour qu'ous en foyais le Claude.

RICHARD.

Non, elle n'eft poir t capable d'une telle horreur, & toi-même...

LUCAS, *l'interrompant.*

Et moi-même... Je vous difons que c'eft fûrement là un tour de ce Marquii. Il n'en veut pus, il la renvoie à fon Village.

RICHARD.

Comment! malheureux! tu t'o bftines à vouloir qu'une fille comme Agathe....

LUCAS.

Malheureux! Oh! point d'injures t'ot' ami! Mais tenais: quand je n'nous y obftineri as pas... là, pofez qu'all' foit innocente;.... apri avoir été fix femaines cheux ce Seigneur, qu ift-ce qui le croira? faut qu'all' le prouve, paravan que vous pilliais la revoir avec honneur! Voudri is-vous en la revoyant fans qu'all' foit juftifiée,

courir les rifques de vous laiffer encore enforce-
ler par elle? & qu'all' vous conduife à l'époufer ?
c'eſt ce qui arriveroit da, & ce qui feroit biau,
n'eſt-ce pas?

RICHARD, *très-triſtement.*

Oui, tu as raifon, Lucas ; je ne dois pas m'expofer à la voir, je fens trop bien la pente que
j'ai à me faire illufion. Mais, allons chez toi,
mon cher ami ; j'y veux paffer une heure ou
deux, pour calmer mes fens, & me remettre un
peu.

Baiſſer les lampes tout-à-fait.

Tendrement. Ne portons point chez mon pere ;
& au fein de ma famille, les apparences, du
moins, du chagrin qui me dévore.

LUCAS.

Oui, v'nais-vous-en cheux nous ; auffi bian
vla la nuit clofe ; & ſte forêt, comme vous fça-
vais, n'eſt pas fûre à ces heures-ci ; ignia tant
de Braconniers & de Voleurs, c'eſt tout un.....
Tenais, tenais, il me femble que j'en entends
déja queuques-uns dans ces taillis.

RICHARD, *en foupirant.*

Oui, allons, mon ami. Nous parlerons chez
toi de ton mariage avec ma fœur Catau ; & puiſ-
que le mien ne peut pas le faire, je veux preffer

mon pere de finir le tien. Il n'eſt pas juſte que tu ſouffres de mon malheur, ce ſeroit un chagrin de plus pour moi. *Ils ſe retirent.*

SCENE VI.

Le Duc de BELLEGARDE, le Marquis de CONCHINY.

Le Marquis de CONCHINY, *arrivant dans l'obſcurité, & en tâtonnant.*

Nous avons manqué nos Relais, Monſieur le Duc, cela eſt cruel !

Le Duc de BELLEGARDE.

Ah ! d'autant plus cruel, mon cher Conchi-ny, que nos chevaux ne peuvent plus même aller le pas. Comme la nuit eſt noire !

Le Marquis de CONCHINY.

L'on n'y voit point du tout ; j'ai même de la peine à vous diſtinguer. Il faut que ce damné cerf nous ait fait faire un chemin......

Le Duc de BELLEGARDE, *l'interrompant.*

Un chemin du diable !.... Quel Cerf ! il s'eſt fait battre d'abord pendant trois heures dans ces bois de Chailly ; il paſſe enſuite la riviere ; nous fait traverſer la Forêt de Rougeant, où il tient encore deux mortelles heures ; & il nous

conduit enfin bien avant dans Senart, où nous
fommes.....

Le Marquis de CONCHINY, *l'interrompant*,
Sans fçavoir où nous fommes. Mais, j'entends
marcher ;... quelqu'un vient à nous.

SCENE VII.

*Le Duc de SULLY arrive en tâtonnant, & faifit
le bras du Duc de Bellegarde.*

**Le Duc de BELLEGARDE, le Marquis de
CONCHINY.**

Le Duc de SULLY.

A H, Sire, feroit-ce vous! Eft-ce vous, Sire!

Le Duc de BELLEGARDE.

C'eft la voix de Monfieur de Rofny, & fon
cœur; car il n'eft occupé que de fon Roi.

Le Duc de SULLY.

C'eft moi-même... Eh! c'eft vous, Duc de
Bellegarde! Etes-vous feul ici? fçavez-vous où
eft le Roi? a-t-il quelqu'un avec lui?

Le Duc de BELLEGARDE.

Il y a deux heures que j'en fuis féparé; il n'é-
toit point avec le gros de la Chaffe quand je l'ai
perdu; & pour moi, je fuis ici, uniquement,
avec le Marquis de Conchiny.

Le Marquis de CONCHINY.

Avec votre ferviteur, Duc de Sully. Mais,
vous qu'avez-vous donc fait de votre cheval?

Le Duc de SULLY.

Je l'ai donné à un malheureux Valet qui s'eft
caffé la jambe devant moi. Mais dites-moi donc,
Meffieurs, en quel endroit de la Forêt nous trou-
vons-nous ici?

Le Marquis de CONCHINY.

Ma foi, nous y fommes égarés; voilà tout ce
que nous fçavons.

Le Duc de BELLEGARDE.

Cela eft agréable!.... & fur-tout pour un ga-
lant Chevalier comme moi, qui devoit, ce foir
même, mettre fin à une avanture des plus brill-
lantes ;...... foit dit entre nous ,.... fans vanité &
fans indifcrétion, Meffieurs.

Le Duc de SULLY , *d'un air brufque.*

Duc de Bellegarde vous n'avez que vos fo-
lies en tête! je penfe au Roi, moi. Il n'aura peut-
être été fuivi de perfonne; la nuit eft fombre,
je crains qu'il ne lui arrive quelqu'accident.

Le Marquis de CONCHINY , *d'un air indifférent.*

Bon! quel accident voulez-vous qu'il lui
arrive?

Le Duc de SULLY , *vivement.*

Eh! quoi, Monfieur, ne peut-il pas être ren-

contré par un Braconnier ? par quelque Voleur ?
Que fçais-je, moi ! ... *avec colere.* En vérité le
Roi devroit bien nous épargner les allarmes où
il nous met pour lui ! Quel diable ! ne devroit-il
pas être content d'être échappé à mille périls,
qui étoient peut-être néceffaires dans le tems ;
& cet homme là ne fçauroit-il fe tenir de s'expofer encore aujourd'hui à des dangers tout-à-
fait inutiles !

    Le Duc de BELLEGARDE *d'un ton léger.*

    Eh mais, mais, mon cher Sully, vous mettez
les chofes au pis. J'aime le Roi autant que vous
l'aimez, &....

Le Marq. de CONCHINY, *d'un air indifférent.*

    Et moi auffi, affurément ... Mais, par ma foi,
c'eft vouloir s'inquiéter à plaifir que de ...

    Le Duc de SULLY *l'interrompant brufquement.*

    Vive Dieu ! Meffieurs, nous avons donc une
façon d'aimer le Roi tout-à-fait différente.....
Car, moi, je vous jure que dans ce moment-
ci, je ne fuis nullement raffuré fur fa perfonne.
J'ai peur de tout pour lui, moi ; je ne fuis point
auffi tranquille que vous l'êtes,

SCENE VIII.

Un PAYSAN *ayant fur le dos une charge de bois.*
Le Duc de SULLY, le Duc de BELLEGARDE,
Le Marquis de CONCHINY.

Le PAYSAN , *chantant fur l'air des Forgerons*
de Cythere.

JE fuis un Bucheron
 Qui travaille & qui chante....;
 Le Duc de SULLY *arrêtant le Payfan.*
Qui va là ? qui es-tu ?
Le PAYSAN *jettant fon bois de frayeur , & tom-*
bant aux genoux de M. de Sully.

Miféricorde ! Meffieurs les Voleurs, ne me
tuais pas.... Mon cher Monfieur, fi vous êtes
leux Capitaine, ordonnais-leux qu'ils me laif-
fions la vie..... la vie, Monfieur le Capitaine ;
la vie !..... Vla quatre Patards & trois Carolus ;
c'eft tout c'que j'avons.

 Le Marquis de CONCHINY.

Vous ! Capitaine des Voleurs, mon cher Sur-
Intendant ! Cela eft piquant au moins , mais
très-piquant !

 Le Duc de SULLY , *d'un ton févere.*
C'eft plaifanter bien à propos , & bien légerement, Monfieur !

Le Duc de BELLEGARDE, *au Payſan.*

Leve-toi, mon bon homme, leve-toi; nous ne ſommes point des Voleurs, mais des Chaſſeurs égarés, qui te prions de nous conduire au plus prochain Village.

Le PAYSAN.

Eh! parguenne, Meſſieurs, vous n'étes qu'à une portée de fuſil de Lieurſain.

Le Duc de SULLY.

De Lieurſain, dis-tu?

Le PAYSAN.

Oui, Monſieur, & v'navais qu'à me ſuivre.

Le Duc de BELLEGARDE.

Bien nous prend que ce ſoit ſi près; car nous ſommes excédés de laſſitude.

Le Marquis de CONCHINY.

Et nous mourons de faim. Dis-moi, l'ami: trouverons-nous là de quoi?

Le PAYSAN, *l'interrompant.*

Oh oui, car jē vons vous mener cheux la Garde-Chaſſe de ce canton; vous y trouverais des lapins par centaine; car ces gens là ils mangiont les lapins, eux; & les lapins nous mangiont, nous.

Le Duc de SULLY, *donnant de l'argent au Payſan.*

Tien, mon enfant, voilà un Henri; conduis-nous.

Le

Le Duc de BELLEGARDE *lui en donnant auſſi.*

Tien, mon pauvre garçon.

Le Marquis de CONCHINY, *lui en donnant de même.*

Tien encore. Eh bien? nous crois-tu toujours des Voleurs?

Le PAYSAN.

Au contraire, & grand merci, mes bons Seigneurs. Suivais-moi. Dame! ſi je vous ons pris pour des Voleurs, c'eſt que ſte Forêt-ci en fourmille; car depuis nos guerres civiles, biaucoup de Ligueux avont pris ſte profeſſion là.

Le Duc de SULLY.

Allons, allons; conduis-nous, & marche le premier.

Le PAYSAN.

Venais, venais par ce petit ſentier, par-ilà, par-ilà.

Le Duc de SULLY, *faiſant paſſer les autres, dit en s'en allant.*

Je ſuis toujours inquiet du Roi, il ne me ſort point de l'eſprit. *Il ſuit le dernier.*

SCENE IX.

HENRI IV *arrive en tâtonnant.*

Ou vais-je?... où suis-je?... où cela me
conduit-il?... Ventresaintgris! je marche depuis
deux heures pour pouvoir trouver l'issue de
cette Forêt. Arrêtons-nous un moment... &
voyons... Parbleu! je vois... que je n'y vois rien ;
il fait une obscurité de tous les diables ! *Tâtant
le sol avec son pied.* Ceci n'est point un chemin
battu, ce n'est point une route, je suis en plein
bois. Allons, je suis égaré tout de bon ; c'est ma
faute aussi ; je me suis laissé emporter trop loin de
ma Suite, & l'on sera en peine de moi, c'est
tout ce qui me chagrine ; car du reste, le malheur d'être égaré n'est pas bien grand. Prenons
notre parti cependant... reposons-nous, car
je suis d'une lassitude... Je suis rendu. *Il s'as-
sied au pied d'un arbre.* Oh, oh! cette place-ci
n'est pas trop désagréable ; eh mais, là, l'on
n'y passeroit pas mal la nuit ; ce coucher-ci n'est
pas trop dur ; j'en ai parbleu trouvé, pas fois,
de plus mauvais... *Il se couche, & se remet tout
de suite à son séant.* Si ce pauvre diable de Duc
de Sully, qui ne vient à la chasse que par complaisance, que j'ai forcé aujourd'hui de m'y

ſuivre, s'eſt par malheur égaré comme moi, oh !
je ſuis perdu,.... je ſuis perdu ; & ce ſeroit encore bien pis ſi j'étois obligé de paſſer la nuit
dans la Forêt, il me feroit un train... il me feroit un train,.. je n'aurois qu'à bien me tenir !...
Il me ſemble que je l'entends, qui me dit avec
ſon air auſtère : j'adore Dieu, Sire, vous avez
beau rire de tout cela, je ne vois rien de plai-
ſant, moi, à faire mourir d'inquiétude tous vos
Serviteurs.... Si je pouvois cependant repoſer,
& m'endormir quelques heures, je reprendrois
des forces pour me tirer d'ici. Eſſayons.....

Il paroît repoſer un inſtant, on tire un
coup de fuſil, il s'éveille, & ſe releve en
mettant la main ſur la garde de ſon épée.

Il y a ici quelques Voleurs, tenons-nous ſur nos
gardes.

SCENE X.

Deux BRACONNIERS, HENRI IV.

I. BRACONNIER, *ſortant de la couliſſe ;*
& voyant ſon camarade tirer en paroiſſant.

Es-tu ſûr de l'avoir mis à bas ?

II. BRACONNIER.

Oui, c'eſt une Biche. Il me ſemble l'avoir en-
tendue tomber.

HENRI *allant vers le fond du Théâtre.*

Ce font des Braconniers, je vois cela à leur entretien.

I. BRACONNIER.

Ne dis-tu pas que tu la tien ?

II. BRACONNIER.

Tu rêves creux, je n'ai point parlé.

I. BRACONNIER.

Si ce n'eft pas toi qui a parlé, il y a donc ici quelqu'un qui nous guette; je me fauve, moi.

II. BRACONNIER.

Parguenne, & moi je m'en fuis.

HENRI *les appellant.*

Eh ! Meffieurs !.... Meffieurs !.... Bon ! ils font déja bien loin.... ils auroient pu me tirer d'ici ; & me voilà tout auffi avancé que je l'étois.

SCENE XI.

HENRI IV, MICHAU, *ayant deux piftolets à fa ceinture, & une lanterne fourde à la main.*

MICHAU, *faififfant Henri par le bras.*

AH ! j'tenons le coquin qui viant de tirer fur les Cerfs de notre bon Roi, Qu'êtes-vous ? allons, qu'êtes-vous ?

HENRI *héfitant.*

Je fuis, je fuis... (*à part, & fe boutonnant pour cacher fon Cordon bleu.*) Ne nous découvrons pas.

MICHAU.

Allons, coquin, répondais donc, qu'êtes-vous?

HENRI, *riant.*

Mon ami, je ne fuis point un coquin.

MICHAU.

M'eft avis que vous ne valient guère mieux; car vous ne répondais pas net. Qu'eft-ce qu'a tiré le coup de fufil que je venons d'entendre?

HENRI.

Ce n'eft pas moi, je vous jure.

MICHAU.

Vous mentais, vous mentais.

HENRI.

Je ments... je ments?... *A part.* Il me femble bien étrange de m'entendre parler de la forte.... *Haut.* Je ne ments point; mais....

MICHAU.

Mais... mais... mais je ne fons pas obligé de vous craire. Queul eft vot' nom?

HENRI, *en riant.*

Mon nom,... mon nom?

MICHAU.

Vot' nom, oui, vot' nom. N'avous pas do nom ? D'où venient vous ? Queuque vous faites ici ?

HENRI, *à part.*

Il eſt preſſant... *Haut.* Mais voilà des queſtions... des queſtions...

MICHAU, *l'interrómpant.*

Qui vous embarraſſent, je voyons ça ! Si vous étiais un honnête homme, vous ne tortilleriez pas tant pour y répondre. Mais c'eſt qu' vous ne l'êtes pas ; ... &, dans ce cas là, qu'on me ſuive cheux le Garde-Chaſſe de c'canton.

HENRI.

Vous ſuivre ! eh ! de quel droit ? de quelle autorité ?

MICHAU.

De queu droit ? du droit que j'nous arrogeons, tous tant que nous ſommes de Payſans ici, de garder les plaiſirs de not' Maître..... Dame ! c'eſt que, voyais-vous, d'inclination, par amiquié pour not' bon Roi, tous l'shabitans d'ici l'y ſarviont de Garde-Chaſſes, ſans être payés pour ça, afin que vous ell'ſachiais.

HENRI *à part, & d'un ton très-attendri.*

M'entendre dire cela à moi-même ! ma foi, c'eſt une ſorte de plaiſir que je ne connoiſſois pas encore !

MICHAU.

Queuque vous marmotais là tout bas? Allons,
allons, qu'on me fuive.

HENRI, *d'un ton de badinage.*

Je le veux bien; mais auparavant voudriez-
vous bien m'entendre? me ferez-vous cette grace là?

MICHAU, *d'un ton badin.*

C'eſt, je crois, pus qu'ous n'meritais. Mais,
voyons ce qu'ous avais à dire pour vot' dé-
fenſe?

HENRI, *toujours du ton badin.*

Je vous repréſenterai bien humblement, Monſieur, que j'ai l'honneur d'appartenir au Roi;
& que, quoique je ſois un des plus minces Officiers de Sa Majeſté, je ſuis auſſi peu diſpoſé que
vous à ſouffrir qu'on lui faſſe tort. J'ai ſuivi le
Roi à la chaſſe; le Cerf nous a mené de la Forêt
de Fontainebleau juſqu'en celle-ci; je me ſuis
perdu, &....

MICHAU, *l'interrompant.*

De Fontainebleau, le Cerf vous mener à
Lieurſain! ça n'eſt guère vraiſemblable.

HENRI, *à part.*

Ah, ah! je ſuis à Lieurſain!

MICHAU.

Ça ſe peut pourtant. Mais pourquoi avous
E iv

quitté, avous abandonné not' cher Roi à la chasse ? ça est indigne, ça !

HENRI.

Hélas ! mon enfant, c'est que mon cheval est mort de lassitude.

MICHAU.

Falloit le suivre à pied, morgué. S'il y arrive queuqu'accident, vous m'en répondrais déja. Mais, tenais ; j'ons bien de la peine à craire... Là, dites-moi là, dites-vous vrai ?

HENRI.

Encore un coup, je vous dis que je ne ments jamais.

MICHAU.

Queu chien de conte! ça vit à la Cour, & ça ne ment jamais ! eh ! c'est mentir, ça.

HENRI, *légerement.*

Eh bien, Monsieur l'incrédule, donnez-moi retraite chez vous, & je vous convaincrai que je dis la vérité. Pour commencer, voici d'abord une piece d'or, & demain je vous promets de vous payer mon gîte, au delà même de vos souhaits.

MICHAU.

Oh, tatigué ! je voyons à présent qu'vous dites vrai ; vous êtes de la Cour. Vous baillais eune bagatelle aujourd'hui, & vous faisient pour le lendemain de grandes promeſſes, que vous n'quienrais pas.

HENRI, *à part*.

Il a de l'eſprit.

MICHAU.

Mais, appernais que je n'ſis pas Courtiſan, moi ; que je m'appelle Michel Richard, ou plu- tôt, qu'on me nomme Michau ; & j'aime mieûx ça, parce que ça eſt plus court ; que je ſis Meû- nier de ma profeſſion ; que je n'ons que faire de vôt' argent ; que je ſons riche.

HENRI.

Tu me parois un bon compagnon ; & je ſerai charmé de lier connoiſſance avec toi.

MICHAU, *fronçant le ſourcil*.

Tu me parois !... avec toi !... Eh mais, v's êtes familier, Monſieur le mince Officier du Roi ! eh mais, j'vous valons bian, peut-être ! Morgué, ne m'tutayais pas, j'naimons pas ça.

HENRI, *da ton du badinage*.

Ah ! mille excuſes, Monſieur ! bien des par- dons...

MICHAU, *l'interrompant*.

Eh non, ne gouaillais pas ; c'n'eſt point que je ſoyons fiar ; mais c'eſt que je n'admettons point de famigliarité avec qui que ce ſoit, que para- vant je n'ſachions s'il le mérite, voyais-vous.

HENRI, *d'un air de bonté.*

Je vous aime de cette humeur là ; je veux devenir votre ami, Monfieur Michau, & que nous nous tutayions quelque jour.

MICHAU, *lui frappant fur l'épaule.*

Oh ! quand je vous connoîtrons, ça f'ra différent.

HENRI, *fouriant.*

Oh ouî, tout différent... Mais de grace, tirez-moi d'ici à préfent.

MICHAU.

Très-volontiers ; & pis que vous êtes honnête, je veux vous faire voir, moi, que je fis bonhomme. Venez-vous-en cheux nous ; vous y verrais ma femme Margot, qui n'eft pas encore fi déchirée ; & ma fille Catau qui eft jeune & jolie, elle.

HENRI, *avec vivacité.*

Votre fille Catau eft jolie ? elle eft jolie, dites-vous ?

MICHAU.

Guiable ! comme vous pernais feu d'abord ! vous m'avez l'air d'un gaillard.

HENRI, *vivement.*

Mais, ouî ; j'aime tout ce qui eft joli, moi ; j'aime tout ce qui eft joli.

MICHAU.

Eh oui, l'on vous en garde! Oh mais, ne badinons pas : venez-vous-en tant seulement souper cheux moi. Mon fils arrive c'soir; j'ons eune poitreine de viau en ragoût, eun cochon de lait, & un grand liévre, en civet.

HENRI, *gaiement.*

Vous avez donc un lit à me donner? mais sans découcher Mademoiselle Catau.

MICHAU,

Oh! j'vous coucherons dans un lit qui est dans not' gregnier en haut, & qu'est au contraire fort éloigné de l'endroit où couche Catau, & ça, pour cause. Je vous aurions bien baillé le lit de not' fils s'il n'étoit pas revenu; mais dame; je voulons que not' enfant soit bian couché par perference.

HENRI, *toujours gaiement, & avec bonté.*

Cela est trop juste. Pardieu, je serois fâché de le déranger; & vous avez raison, cela est d'un bon pere.

MICHAU.

C'est qui sera las; c'est qui sera harassé, voyais-vous. Allons, allons; venais-vous-en, Monsieur. Avous faim?

HENRI, *vivement,*

Oh! une faim terrible.

MICHAU.

Et foif à l'avenant, n'eft-ce pas ?

HENRI.

La foif d'un Chaffeur ; c'eft tout dire.

MICHAU.

Tant mieux, morgué! v'm'avais l'air d'un bon vivant. Buvez-vous fec ?

HENRI, *gaiement.*

Oui, oui, pas mal, pas mal.

MICHAU.

Vous êtes mon homme. Suivais-moi ; je voyons que nous nous tutayerons bientôt à table. J'allons vous faire boire du vin que je faifons ici ; il eft excellent, quand ce feroit pour la bouche du Roi. Laiffais faire , nous allons nous en taper.

HENRI.

Ventrefaintgris, je ne demande pas mieux!

MICHAU.

Oh! pour le coup, je voyons bian q'vous n'avais pas menti, vous ét' Officier de not' bon Roi, car vous v'nais de dire fon juron.

HENRI, *à part, en s'en allant.*

Continuons à lui cacher qui nous fommes ; il me paroît plaifant de ne me point faire connoître.

Fin du fecond Acte.

ACTE III.

Le Théâtre repréſente l'intérieur de la
Maiſon du Meûnier.

*L'on voit au fond une table longue de cinq pieds
ſur trois & demi de largeur, ſur laquelle le couvert
eſt mis. La nappe & les ſerviettes ſont de groſſe
toile jaune; à chaque extrêmité, une pinte en plomb.
Les aſſiettes, de terre commune. Au lieu de verres,
des timballes & des gobelets d'argent, pareils à
ceux de nos Batteliers; des fourchettes d'acier. Sur
le devant, deux eſcabelles, près de l'une eſt un rouet
à filer, au pied de l'autre eſt un ſac de bled ſur
lequel eſt empreint le nom de Michau.*

SCENE PREMIERE.

MARGOT, CATAU *ſuivant ſa mère.*

MARGOT.

Voi, Catau; voi, ma fille, s'il ne manque rian
à not' couvart; ſi t'as ben apporté tout c'qui
faut ſus la table? Vla Michau, vla ton paire qui
va rentrer de la Forêt.

CATAU, *regardant sur la table.*

Non, ma mere, rien n'y manque; tout est ben arrangé à préfent, mon pere trouvera tout tout prêt.

MARGOT, *y regardant elle-même.*

Oui, oui; vla qu'est ben, mon enfant. Le fou-per est retiré du feu, je l'ons mis fus d'la cendre chaude; il n'y a plus rian à voir de ce côté-là; ainfi, remettons-nous donc à not' ouvrage; car ne faut pas êt' un moment fans rien faire.

CATAU, *fe remettant à l'ouvrage ainfi que fa mere.*

Vous avez raifon, ma mere.

MARGOT.

C'est que l'c'fiveté est la mere de tous vices; eh, tién: fi fte petite Agathe n'avoit pas été éle-vée fans rien faire, cheux fte grande Dame, elle n'auroit pas écouté ce biau Marquis; elle ne s'en feroit pas en allée avec lui comme une cria-ture, fi elle avoit fçu s'occuper comme nous, ma fille.

CATAU.

Tenez, maman: vla mon frere qui arrive ce foir, je gage qu'il nous apprendra qu'Agathe est innocente de tout ça. Oh! je le gagerois, car je l'ai crue toujours fage, moi.

MARGOT.

Oui, fage, je t'en réponds! vla eune belle fageffe encore! mais n'en parlons pus; c'eft une trop vilaine hiftoire.

CATAU.

Eh bien, ma mere, contez-moi donc d'au-tres hiftoires. Contez-moi, par exemple, d'shiftoires d'Efprits... C'eft ben fingulier! je n'voudrois pas voir eun Efprit pour tout l'or du monde, & fi cependant je fis charmée quand j'entends raconter d'shiftoires d'Efprits. Si ben donc, ma mere, que vous m'allez en dire eune.

MARGOT, *tout en filant.*

Volontiers, Catau, pifqu'ça te réjouit. Mais ftella eft ben fûre, ma fille; c'eft Michau, c'eft vot' paire ly-même qu'a vû revenir ft'Efprit là qui revenoit.

CATAU.

Mon paire l'a vû! il l'a vû!

MARGOT.

Vot' paire; ce n'font pas là des contes, pif-qu'c'eft ly-même qui l'a vû... Je n'venions que d'être mariés, & y venoit de pardre fon paire; & vla que tout d'un coup, quand Michau fut couché, & que fa chandelle fut éteinte, il en-tendit d'abord l'Efprit qui revenoit, fans doute; du fabat,.... qui gliffit tout le long de fa cheminée; ... & qui entrît dans fa chambre, en traînant de groffes chaînes, trela à, trela à, ... trela à, trela.

CATAU, *toute tremblante.*

De groffes chaînes ! ... ah ! le cœur me bat ! ... de groffes chaînes !

MARGOT.

Oui, mon enfant, de groffes chaînes, & qui faifient un bruit terrible ... &, pis après, le Revenant allît tout droit tirer les rideaux de fon lit; cric, crac, ... cric, crac.

CATAU, *tremblant encore davantage.*

Ah ! bon Dieu ! bon Dieu ! que j'aurais t'eu de frayeur ! ... Eh de queue couleur font les Efprits ? Dites-moi donc ça, pifque mon paire a vû ft'ilà.

MARGOT.

Oh ! pardinne ! il n'ell' vit pas en face ; car, de peur d'ell' voir, vôt' paire fourit bravement fa tête fous fa couverture ... Mais il entendjt, ben diftinctement, l'Efprit, qui lui difit : rends à Monfieu le Curai fix gearbes de blé, dont ton paire ly a fait tort fur fa dixme; ou finon, demain, je vienrai te tirer par les pieds.

CATAU, *plus tremblante.*

Ah ! tout mon fang fe fige ! & mon paire eutil ben peur ? *On frappe à la porte.* Bonté divine ! n'est-ce pas là un esprit ?

MARGOT, *tremblante aussi.*

Non, non, c'est qu'on frappe à la porte. Vas t'en ouvrir, Catau.

CATAU, *mourant de peur.*

'Ah, ma mere ! je n'oserois... allez-y vous-même... vous êtes plus hazardeuse que moi.

MARGOT.

Eh ben, eh ben ! allons-y toutes les deux en-sembe.

CATAU.

Mais, ne parlais donc pas, comme si vous aviais peur, ma mere, ça me fait trembler davantage.

MARGOT.

Non, non, mon enfant ; si je pis m'en empê-cher. *L'on frappe encore plus fort.* Qui va là ? qui va là ?

RICHARD, *en dehors.*

C'est moi, ouvrez.

CATAU, *frissonnant de tout son corps.*

'Ah, ma mere ! ça ressembe à la voix de mon frere Richard !... y sera mort, & c'est son esprit qui reviant.

MARGOT, *se rassurant.*

'A Dieu ne plaise ! j'ai dans l'idée moi, que c'est l'y même. *On frappe encore.*

F

RICHARD, *en dehors.*

Ouvrez donc. Eh mais, ouvrez donc.

MARGOT, *courant ouvrir.*

Oh! c'eſt ly-même, je vons ouvrir.

SCENE II.

RICHARD, MARGOT, CATAU.

RICHARD, *embraſſant ſa mere.*

COMMENT vous portez-vous, ma mere?

MARGOT.

Fort bien, mon cher enfant.

RICHARD, *embraſſant Catau.*

Et vous, ma sœur Catau?

CATAU.

A merveille, mon cher frere.

RICHARD.

J'ai cru, ma mere, que vous ne vouliez pas m'ouvrir.

MARGOT.

Mon Dieu, ſi fait, mon pauvre garçon; mais c'eſt qu'ta sœur a eu une ſotte frayeur.....

CATAU, *l'interrompant.*

Oui, c'eſt que ma mere a eu peur..... Mais

qu'avous fait, cher frere? eh ben avous vû le Roi?

MARGOT.

Eft-il bel homme? oh! il doit être biau, il eft fi bon!

RICHARD.

Hélas! je n'ai pas pû le voir; je vous conterai tout cela; mais, permettéz-moi de vous demander auparavant, où eft mon pere?

MARGOT.

Il a entendu tirer un coup de fufil, & il eft forti pour vouaire qui f'peut être.

RICHARD.

Les Braconniers ne vous laiffent point tranquilles?

· MARGOT.

Oh! c'eft eune varmine qu'on ne peut déranger.

MICHAU, *frappant en dehors.*

Hola hée! Margot, Catau, eune lumiere, eune lumiere.

MARGOT, *allant ouvrir.*

Tian, tian, vla ton paire qu'arrive.

SCENE III.

MARGOT, CATAU, RICHARD, MICHAU, HENRI.

MARGOT.

Eh ben? l'coquin qu'a tiré le coup de fusil est-il pris?

MICHAU.

Non, Margot. Je n'ons rian trouvé que st'Etranger à qui faut qu'tu donne à souper, & eun logement pour ste nuit.

MARGOT.

Oh! j'ons ben nous, trouvé eun étranger ben méilleur, puisqu'il nous appartient : vla Richard revenu.

MICHAU, *poussant très-fort Henri.*

Not' fils est revenu! Est! le vla ce cher enfant!

HENRI, *à part, & en riant.*

Qu'il m'eût poussé un peu plus fort, & il m'eût jetté à terre.

MICHAU.

Mais queue joie de te revoir! eh bian, comment t'en va mon garçon?

RICHARD.

A merveille, mon pere; & le cœur attendri de votre bon accueil.

HENRI, *à part.*

Quelle joie naïve !

MICHAU.

Ma foi, Monfieur, vous excuferais, je fis
ravi de revoir ce pauvre Richard, fi ravi....
tournant le dos à Henri. Ignia pûs d'un mois
que je n't'ons vû; oh oui, faut qu'gniait pûs d'un
mois.

MARGOT.

Je t'trouvons un peu maigri.

CATAU.

Oui, t'as la mine un peu pâlote.

RICHARD.

Je me porte bien, ma mere ; cela va bien ;
Catau.

MICHAU, *s'affeyant pour fe faire ôter*
fes guêtres.

Tant mieux, mon ami. Mais, aidez-moi un
peu, vous autres, à me débarraffer de mes guêtres, car j'ons peine à nous baiffer ... Et toi,
mon fils, dis-nous donc, acoûte ici. *Il continue*
de parler bas avec Margot, Richard &
Catau, qui paroiffent lui répondre, & il
ne fe léve que lorfque le Roi finit fon
à parte.

HENRI *à part, tandis qu'ils caufent*
tous enfemble.

Quel plaifir ! je vais donc avoir encore une
F iij

fois la satisfaction d'être traité comme un homme ordinaire.... de voir la nature humaine sans déguisement! cela est charmant! Ils ne prennent seulement pas garde à moi.

MICHAU, *paroissant achever ce qu'il disoit tout bas.*

Mais enfin, Richard, qu'est-ce qui t'a fait revenir si-tôt? Est-ce que t'aurois réussi?. Au moins-tu parlé au Roi?

RICHARD.

Non, mon pere; je ne l'ai pas même vû voir; ce qui m'auroit fait grand plaisir, car je ne l'ai pas vû plus que vous tous.... & ce qui m'en a empêché, c'est que.... je vous expliquerai cela en détail, quand nous serons en particulier.

MICHAU.

T'as raison, je causerons de tout ça quand je serons seuls.... Mais à stheure-ci, moi, parlons donc de la Chasse du Roi qu'est venue ici de Fontainebleau; c'est singulier ça! & ce Monsieur qu'est un petit Officier de Sa Majesté, à ce qu'il dit, qui l'a suivi à la chasse; qui s'est égaré, & que je ramassons.

RICHARD.

Cela est très-bien à vous, mon pere; & nous le recevrons de notre mieux.

HENRI.

En vérité, Meſſieurs, je ſuis bien ſenſible à vos bonnes façons pour moi. *A part.* Pardieu, ces Payſans-ci ſont de bien bonnes gens.

MICHAU.

Allons, Margot ; allons Catau ; faites-nous ſouper, mes enfans.

MARGOT.

Not' homme, je vous demandons encore eun petit quart-d'heure. *Elle ſort.*

CATAU.

Mon paire, vla la nape qu'étoit déja miſe d'avance ; je vons chercher encore eun couvert pour Monſieur. *A Henri, lui faiſant la révérence,* Monſieur a-t-il un couteau ſur lui ?

HENRI.

Non, belle Catau, je n'en ai poinr,

CATAU.

Je vous apporterons donc celui de la cuiſine.

SCENE IV.

HENRI, MICHAU, RICHARD.

HENRI.

Vous aviez bien raison, papa Michau, Mademoise'le Catau est la beauté même.

MICHAU.

Oh! fans vanitai, j'nons jamais fait que d'biaux enfans, nous. Mais, Catau, hée! J'oubliois...

SCENE V.

CATAU, HENRI, MICHAU, RICHARD.

CATAU.

Queuqu'vous fouhaitez, mon pere.

MICHAU.

Parguienne, fille, c'eft que j'n'y penfions pas. Rince un grand gobelet, & apporte à Monfieu eun coup de cidre; il le boira bian en attendant le fouper; il doit être alteré, c'n'eft pas comme nous, lui.

HENRI.

Vous me prévenez, j'allois vous demander un coup à boite.

CATAU, *à Henri.*

Vous l'allais avoir dans l'inftant, Monfieu.

HENRI, *lui paffant la main fous le menton.*

Et de votre main, il fera délicieux.

SCENE VI.

HENRI, MICHAU, RICHARD.

MICHAU, *à Henri.*

C'EST qu'on a foif quand on a chaffé, je fça-vons ça. *A Richard.* Eh bian, mon garçon, difnous donc, quéqu't'as vû d'biau à Paris?

RICHARD.

Mon pere, quand j'y fuis arrivé, quoiqu'il y eût plus d'un mois paffé depuis la maladie de notre grand Monarque, tout Paris étoit encore yvre de joie de la convalefcence de ce Roi bien-aimé.

MICHAU.

Ça été de d'même par toute la France, mon enfant. Eh, tian : le Seigneur de nôt' Village avoit bian raifon de dire, que c'eft lorfqu'un Roi eft bian malade, qu'on peut connoîte juf-qu'à queu point il eft aimé de fes Sujets.

HENRI, *à part.*

Quelle douce satisfaction !

RICHARD.

Ouî, mon pere. Hélas ! j'ai vû à Paris tout le monde heureux, excepté moi.

HENRI, *avec une grande vivacité de sentiment.*

Excepté vous, Monsieur Richard ? Eh ! pourquoi cette exception ? Quelle raison ? Quel chagrin vous avoit donc fait quitter votre Village pour aller à Paris ?

MICHAU.

Oh ça , c'est eune autre histoire, que Richard ne se soucient peut-êt' pas de vous dire, voyais-vous.

HENRI.

En ce cas là , j'ai tort ; pardonnez mon indiscrétion.

MICHAU.

Oh ! ignia pas grand mal à ça.

SCENE VII.

HENRI, MICHAU, RICHARD, CATAU *apportant du cidre.*

MICHAU.

ALLONS, varse à boire à Monsieu, ma Catau, il t'sarvira le jour de tes nôces. *A Henri.* J'vous.

ont fait donner du cidre pûstôt que du vin, parce qu'ça rafraîchit mieux. Avalais-moi ça, pere.

Il lui frappe sur l'épaule.

HENRI.

'A votre santé, Monsieur Michau; à la vôtre Monsieur Richard; à la vôtre & pour vous remercier, très-belle & très-obligeante Catau.

MICHAU.

Eh, morgué, j'oubliois, Richard, avant de souper, vien t'en ranger avec moi, queuques sacs de farine qui sont dans not' cour. Ne faut point leux laisser passer là la nuit à l'air.... Vous voulais bian le permettre Monsieu?.... Toi, Catau, reste avec not' Hôte, pour l'y tenir compagnié.

CATAU, *courant après son pere.*

Vous n'aurez donc pas besoin de moi, mon pere?

MICHAU, *derriere la coulisse.*

Non, fille, tian-toi là.

SCENE VIII.

HENRI, CATAU.

HENRI, *à part sur le bord du Théâtre.*

EN vérité la petite Catau est charmante....
mais charmante ... Si elle sçavoit qui je suis ...
Non, non, rejettons cette idée ; ce seroit violer
les droits de l'hospitalité.

CATAU.

Queuqu'vous faites donc là tout de bout dans
un coin, Monsieu? Que ne vous assisez-vous?
Je vais vous chercher eune chaise.

HENRI, *l'arrêtant par la main.*

Demeurez, belle Catau ; je ne souffrirai point
que vous preniez cette peine.

CATAU.

A a, vla encore eune belle peine ! est-ce
que vous nous pernez pour vos poupées de filles
de Paris ? ... Mais lâchez, lâchez-moi donc la
main.

HENRI *la lui retenant & la caressant.*

Votre main? oh ! pour cela non ; elle est trop
jolie, je veux la garder.

CATAU *retirant sa main rudement.*

Oh ! laissez s'il vous plaît. Je n'aimons pas

les complimens ; & furtout ceux des Meſſieux,
ignia toujours à craindre pour les filles qui les
écoutons, je ſçavons ça.

HENRI.

Oh, mon petit cœur, vous n'avez rien à
craindre avec moi.

CATAU.

Je ne nous y fions pas, voyais-vous. Vous me
regardais..... vous me regardais avec des yeux.....
avec des yeux qui me font peur.... Oh! vous
m'avez tout l'air d'un bon enjoleux de filles!
voyais encore comme il me regarde!

HENRI, *en riant.*

Eh, mais, vous Catau, vous m'avez l'air bien
farouche! Dites-moi donc, l'êtes-vous autant que
cela avec tous les Payſans de votre Village ?....
Avec une auſſi jolie mine, vous devez avoir
bien des amoureux?

CATAU.

Eh mais, tredame! Monſieu, je n'en man-
quons pas.

HENRI.

Je le crois bien. Eh ſans doute, il y en a quelqu'un auquel votre petit cœur donne la préfé-
rence? Je le trouve bienheureux!

CATAU.

Et bien! il dit toujours comme ça lui, qu'il

n'eſt pas aſſez heureux. Ces hommes ne ſont jamais contents.

HENRI.

Cependant, vous l'aimez bien ? Avouez-le-
moi.

CATAU.

Eh ! qu'eſt-ce qui n'aimeroit pas Lucas ; ſtapendant, parce qu'il n'eſt pas autrement riche ;
mon paire barguigne toujours à nous marier enſemble.

HENRI.

Oh ! il faut que votre pere vous faſſe épouſer
Lucas ; qu'il en finiſſe ; je le veux abſolument, je
le veux.

CATAU.

Je le veux, je le veux.... comme il dit ça
ce Monſieu ! Je le veux ! Et le Roi dit ben nous
voulons. Oh ! ſachez qu'on ne fait vouloir à mon
paire que ce qu'il veut, lui.

HENRI, *en riant.*

Quand je dis.... que je le veux.... cela ſignifie
ſeulement que je le ſouhaite. *A part, en s'éloi-*
gnant. J'ai penſé me trahir ; j'ai fait là le Roi,
ſans m'en appercevoir.

CATAU, *allant à lui.*

Il le ſouhaite !.... & il me plante là pour aller
ſe moquer de moi tout là-bas.

HENRI, *la careffant.*

Non, ma chere fille; & vous verrez fi je me moque. Je compte parler à Monfieur Michau, de façon que vous époufecez votre amoureux.... Et j'ofe vous prédire, qu'avant que je forte d'ici, vous ferez heureufe. *La ferrant entre fes bras.* Mais bienheureufe.

CATAU, *fe défendant de fes careffes.*

'Allons, allons, ne me prenez pas comme ç*;* auffi ben vla que j'apperçois mon paire.

SCENE IX.

MICHAU, MARGOT, RICHARD, HENRI, CATAU.

MICHAU.

Pardon, Monfieu, de not' incivilitai, de vous avoir laiffé feul avec fte petite fille, qui ne fçait pas encore entretenir les gens; mais, c'eft qu'faut faire fes affaires, *primo,* d'abord.

MARGOT.

Mon mari, tout eft prêt pour le fouper.

MICHAU.

Eh bian, boutons-nous à table.

CATAU.

Faudroit l'avancer ici la table, pour qu'on puisse passer derriere. Mon frere, prêtez-moi un peu la main.

> *Elle va pour prendre la table avec Richard, & Henri veut lui en épargner la peine.*

HENRI, *à Catau.*

Laissez-moi faire, ma belle enfant ; vous n'êtes pas assez forte.

CATAU, *le repoussant.*

Je ne sons pas assez forte ? allons donc, Monsieu, je n'souffrirons pas qu'cheux nous vous preniez la peine...

HENRI.

Eh non, laissez-moi faire.

MICHAU.

'A nous deux Richard. *Ils vont prendre la table & l'apportent sur le devant du Théâtre.* Toi, Catau, va-t'en avertir ta mere, & sarvez-nous à souper tout de suite.

> *Catau sort.*

✿

SCENE

Quoy ! c'est là nôtre Roy ! nôtre bon Roy !
nôtre grand Roy !

SCENE X.

HENRI, MICHAU, RICHARD.

Pendant que Michau & Richard apportent la table, Henri IV va chercher le banc ; & range les deux chaises de paille aux deux coins de la table.

MICHAU, *arrachant une chaise des mains de Henri.*

OH parguenne, Monſieu, permettez-nous d'faire les honneurs de cheux nous ; Richard & moi, j'aurions été charcher le banc, & arrangé fort bian nos chaiſes, peut-être.

HENRI.

Bon, bon! ſans façon, Monſieur Michau ; oh ! parbleu ſans façon.

MICHAU, *arrachant l'autre chaiſe.*

Non, Monſieu ; ça ne ſe paſſera pas comme ça, vous dit-on.

SCENE XI.

MARGOT & CATAU *apportant les plats.*
HENRI, MICHAU, RICHARD.

MICHAU.

ALLONS, boutons-nous vîte tretous à table.
Mettais-vous fus ite chaife là, Monfieu ; toi,
Margot, prend ftaute chaife , & mets-toi ilà.

MARGOT *à fon mari , avec refpect.*

Eh non, pernais là puftôt ; vous avais d'cou-
tcume de vous mette fus eune chaife, mon ami.

HENRI *offrant fa chaife.*

Mon Dieu , ne vous déplacez pas, Monfieur
Michau, reprenez votre chaife ; je ferai ravi
d'être fur le banc, moi ; cela m'eft égal en vérité.

MICHAU *à Henri.*

Morgué, Monfieu, eftc' qu'vous vous gauffez
de nous , avec vos façons ? Je fçavons vivre. Eft-
c'qu'vous nous pernais pour des cochons ? Faut-il
pas qu'un étranger il ait le mélieur fiége , donc ?

HENRI.

Allons, allons ; j'obéis , Monfieur.

MICHAU.

Vous faites bian... fied-toi donc, femme ;
je voulons refter là entre ma fille & mon fils. *Ils*

s'asseyent tous. Oh ça, beuvons eun coup d'a-
bord, ça ouvre l'appétit.

HENRI.

Vous êtes homme de conseil, & vous inspi-
rez la franche gaieté, Monsieur Michau ;....
*Refusant de la pinte de Michau , & se saisissant de
celle qui est devant lui.* Non, servez Madame Michau ; je vais en verser, moi, à notre belle enfant, & je m'en servirai après.

MICHAU.

C'est bian dit. Tien donc, femme ; tend
donc, Richard. *Ils boivent tous à la santé de Henri , comme leur convié.* Monsieur, j'ons l'honneur
de boire à vot' santai.

RICHARD, *buvant aussi à la santé de
Henri.*

Monsieur, permettez-vous ?...

HENRI.

Bien obligé, Messieurs & Mesdames ; *serrant la
main de Catau.* Je vous remercie , charmante
Catau.

CATAU, *faisant un petit cri.*

Aie, aie! Monsieur , comme vous me sarrez
la main ! ça m'a fait mal, dea.

HENRI.

Pardon, ma belle enfant ; je suis bien éloigné
d'avoir l'intention de vous faire du mal, au con-

MICHAU.

Tenais, Monfieu, je vous fars ſte premiere fois-ci; paſſé ça, farvons-nous nous-mêmes fans çarimonie : c'eſt aifé, car nos viandes font toutes coupées.

HENRI.

Grand-merci, Monfieur. *Il fert Catau.* Que j'aie l'honneur de vous fervir, ma belle voifine. Je ne fçais fi vous avez de l'appétit ; mais vous en donneriez.

CATAU.

C'eſt vot' grace, ben obligée, Monfieur ; v'sétes ben poli !

MICHAU *à Margot.*

Prends, donc, femme. Allons, pernais, vous autres ; je fis farvi, moi.... (*Ils paroiſſent manger commé des gens affamés ; furtout Henri, qui mange avec une grande vivacité, ce qui eſt marqué par des filences.*) Vla un biau moment de filence. *Silence.* Allons, ça va bian, nous mangeons, comm' des diables.

CATAU.

C'eſt qu'il n'eſt cher que d'appétit.

HENRI, *tout en mangeant avec vîteſſe.*

Oh! ma foi, voilà un civer qui en donneroit, quand on n'en auroit pas ! il eſt accommodé admirablement bien.

MARGOT.

Oh ! je l'ons accommodé à la groſſe morguenne ; mais c'eſt qu' Monſieu n'eſt pas difficile.

RICHARD.

Non , ma mere ; c'eſt que Monſieur eſt honnête , il veut bien trouver , à ſon goût , ce qu'il
voit que nous lui donnons de bon cœur.

HENRI *en mangeant & devorant encore.*

Non , en vérité , ſans compliment , ce civet
là eſt une bien bonne choſe , d'honneur !

MICHAU *prenant la pinte.*

Eh mais ! Si je beûviémes !

HENRI.

C'eſt bien dit, car je m'ennoüe ; & puis je veux
griſer un peu Mademoiſelle Catau , pour ſçavoir
ſi elle a le vin tendre.

CATAU, *hauſſant ſon gobelet.*

Aſſais , aſſais , Monſieu ; comme vous y allais !

ils boivent & choquent tous.

MARGOT, *à Richard.*

Queuque t'as mon fils, tu ne manges point ?

RICHARD.

J'ai aſſez mangé , ma mere , & je n'ai rien.

MICHAU *la bouche pleine.*

Allons, Richard ; piſque tu n'manges pûs ,
chante-nous eune chanſon ; tian : ſtella qu'ta-
vois fait pour Agathe.

RICHARD.

Ah, mon pere, depuis qu'elle m'a trahi!....

HENRI *l'interrompant tout en dévorant.*

Quoi! votre Maîtresse vous a trahi, Monsieur Richard? Eh! contez-moi donc ça,

MICHAU *toujours mangeant.*

Ne l'y en parlais donc pas; vous le feriais pleurer; point de queustion là-dessus; vous êtes trop curieux au moins. Allons, chante ça, te dis-je.

MARGOT.

Oui, chante, mon fieu; ça t'égayera, & nous itout.

CATAU.

Oh oui, oui; chantez, chantez, mon frere; & pis j'en chanterons eune après.

HENRI, *à Catau avec feu.*

Je ferai ravi de vou entendre! j'en ferai enchanté. MICHAU.

Allons, chante donc, je l'veux; ne fais pas le benais.

RICHARD *d'un air triste & contraint.*

C'eft par obéiffance pour vous, mon pere; & par égard pour Monfieur, qui n'a que faire de ma triftesse, que je vais chanter; car je n'en ai nulle envie, en vérité.

Il chante.

Si le Roi m'avoit donné
Paris fa grand-Ville,

Et qu'il me fallût quitter
L'amour de ma mie ;
Je dirois au Roi Henri :
Reprenez votre Paris ;
J'aime mieux ma Mie,
  O gué ;
J'aime mieux ma Mie.

Henri se détournant & répétant à demi voix, au Roi Henri, d'une façon gaie, & d'un air satisfait.

HENRI.

La chanson est jolie, très-jolie ; & Monsieur la chante à merveille.

MICHAU.

Jell'crois qu'il la chante bian ! Parguenne ! eh ! c'est l'y qui l'a faite. Dame ! Monsieur, il est sçavant not' fils !

HENRI.

A vous, aimable Catau ; la vôtre à présent.

CATAU.

Je ne nous ferons pas presser ; je n'avons pas une assez belle voix pour ça.

Elle chante le visage tourné vers Henri IV.

Charmante Gabrielle,
Percé de mille dards ;
Quand la gloire m'appelle
Sous les drapeaux de Mars ;
Cruelle départie !
Malheureux jour !

Henri se détourne, & répete avec émotion : Charmante Gabrielle, pendant que Catau continue à chanter, & sans qu'elle s'interrompe pour cela.

Que ne suis-je sans vie,
Ou sans amour !

HENRI.

C'est chanter comme un Ange! *il embrasse.*
Catau. Cela méritoit bien un baiser.

CATAU *honteuse, & s'essuyant la joue.*

Pardi, Monsieu, vous êtes ben libe avec les filles!

MICHAU, *à Catau.*

Allons, tu t'es attiré ça par ta gentillesse,
faut en convenir... *Sérieusement à Henri.* Mais il
ne sauroit pas recommencer au moins, Monsieu,
je vous en prions. Guiable! il ne faut que vous en
montrer, à ce qu'il me paroît.

HENRI, *gaiement.*

Pardon, Papa Michau ; Mademoiselle Catau,
m'avoit transporté ! Je n'ai, ma foi, pas été le
maître de moi.

MICHAU, *se versant à boire.*

Gnia pas grand mal. Eh bian, moi, je vons
itout vous dire eune chanson, & pis vous vian-
drais me baiser par après, si je l'ons mérité.
Attendais que je retrouvions l'air ... C'est l'air
du Pas d'Henri Quatre dans les Tricotets. La,
la, la, la, m'y voici, j'y suis.

 Il chante sur l'air qui est noté ci-dessous.
J'aimons les filles,
Et j'aimons le bon vin.

Monsieur le marquis
De la Gaupalieve

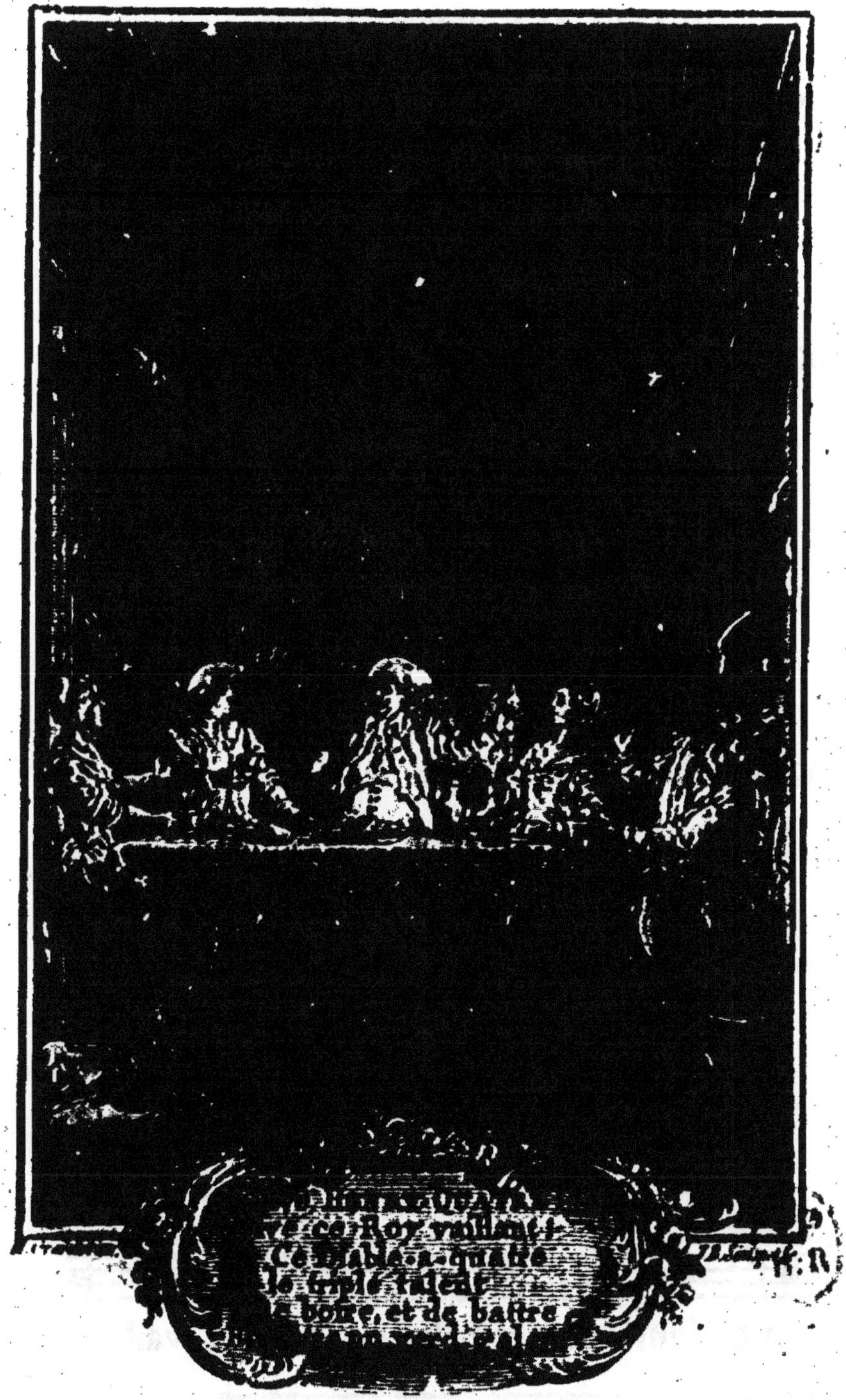
Roy
boire, et de battre

Allons, chorû.

> De nos bons drilles
> Voilà tout le refrain :
> J'aimons les filles,
> Et j'aimons le bon vin.

Chorû. *L'on reprend le refrain en chœur.*

2.

> Moins de foudrilles
> Euffent troublé le fein
> De nos familles,
> Si l'Ligueux, plus humain,
> Eût aimé les filles,
> Eût aimé le bon vin.

Chorû. *Tous chantent les deux derniers vers*
encore.

3.

> Vive Henri Quatre,
> Vive ce Roi vaillant ;

Henri doit marquer pendant que l'on chan- te ce Couplet, une fenfibilité fi grande, qu'elle paroiffe aller jufqu'aux larmes ; & c'eft dans ce point de vûe qu'il doit jouer le refte de cette Scène, jufqu'au momens où l'on leve la table, affecter de pleurer, fi l'Acteur le peut.

VIVE Henri quatre ! Vi-ve ce Roi vail -

lant ! Ce Diable à qua-tre A le tri-

ple ta - lent De boire, & de bat - tre;

Et, d'être un verd ga - lant.

Ah! grand chorû pour celui-là.

Tous reprennent en chœur,
Vive Henri Quatre,
Vive ce Roi vaillant.

Mais parguenne, Monſieu, beuvons à la ſantai
de ce bon Roi, & vous l'y dirai, au moins ;
mais dites l'y, vous qu'avais l'honneur de l'apor-
cher ; dites l'y ; pormettais-le moi.

       HENRI *dans l'attendriſſement.*
Je vous le promets, il le ſçaura ſûrement.

Ils ſe verſent du vin, & choquent tous avec le Roi.
      MARGOT, *ſe levant pour choquer.*
Et que je l'béniſſons.

      MICHAU, *debout & choquant.*
Et que je l'chériſſons.

      CATAU, *debout auſſi, & choquant.*
Et que je l'aimons pus que nous-mêmes.

RICHARD, *debout & s'allongeant pour choquer.*
Et que nous l'adorons.

      HENRI *attendri au point d'être prêt à*
verſer des larmes.
Je n'y puis… plus tenir… je ſuis prêt… à

verfer des larmes.... de tendreffe & de joie. *Il se détourne.*

MICHAU, *à Henri.*

Comme vous vous détournais! eft-c'que vous n'topais pas à tout c'que je difons là de not' Roi, donc?

HENRI, *d'un ton entrecoupé.*

Si fait, mes amis.... au contraire; votre amour pour votre Roi... m'attendrit au point que mon cœur... allons. allons; à la fanté de ce Prince. *Ils recommencent à choquer.*

MARGOT.

De ce bon Roi.

CATAU.

De ce cher Roi.

MICHAU.

De ce vaillant Roi.

RICHARD.

De ce grand Roi.

MICHAU.

De fes enfans, de fes defcendans... Eh bian! dites donc itout un mot d'éloge de not' Roi! Eft-c'que vous n'oferiais le louer donc vous? a'vous peur qu'ça ne vous écorche la langue? M'eft avis, morgué, que vous n'l'aimais pas autant que nous. Ne feriais-vous pas d'ces anciens Ligueux? Oh! Vous n'êtes pas un bon François, morgué.

HENRI *dans le dernier attendriffement.*

Pardonnez-moi ,..'. de tout mon cœur... à la fanté...de ce bon Roi.

MICHAU, *ayant d'avaler fon vin.*

De ce bon Roi !... Parguenne, l'on a ben de la paine à vous arracher ça !

MARGOT, *après avoir bû.*

Stapendant, fes louanges venons d'elles-mê-mes à la bouche.

CATAU.

Alles ne coûtent rian.

RICHARD.

Elles partent du cœur.

MICHAU.

Tatigué! ça fait du bian de boire à la fanté d'Henri! oh ça, je n'mangeons plus ; levons-nous de table ; auffi ben quand on a eûne fois bû à la fantai du Roi, on n'oferai pûs boire à per-fonne.

RICHARD.

Reportons la table, mon pere, afin' qu'on puiffe defervir plus commodément.

MICHAU.

T'as raifon... *A Henri qui veut aider à tranf-porter la table.* Oh ça, allais-vous encore faire vos çarimonies? j'vous les défendons.

HENRI, *aidant toujours à deſſervir.*

Je vous laiſſerai faire; j'aiderai ſeulement un peu à la belle Catau.

MICHAU.

Je ne l'voulons pas, vous dis-je... Allons, Margot, Catau, a chevais de nous ôter tout ça, & pis, allais mettre des draps blancs au lit de Monſieu.

MARGOT.

'Oui, mon ami; ça va êt' fait.

CATAU.

Oui, mon paire; quand j'aurons tout rangé ici, j'irons, ma mere & moi, faite le lit de Monſieu.

HENRI, *tenant quelques aſſiettes.*

Tenez, ma chere Catau, où faut-il porter ce que je tiens là.

CATAU.

Eh! laiſſez-moi faire. Pardi, mon cher Monſieu, vous avais toujours les mains fourrées partout.

MICHAU.

Parguenne, voulais-vous bian leux laiſſer faire leux beſognes elles-mêmes? Vous êtes bian têtu toujours!

HENRI, *aidant encore à deſſervir.*

Eh non, non; je ne me mêlerai plus de rien, voilà qui eſt fait. *L'on frappe à la porte de la maiſon.*

MICHAU.

L'on frappe à not' porte, va voir qui c'eſt, Richard.

Margot & Catau ſortent.

RICHARD.

J'y cours, mon pere…. Juſte Ciel ! c'eſt Agathe !

SCENE XII.

HENRI, MICHAU, RICHARD, AGATHE, LUCAS.

LUCAS, *à Agathe vêtue en Payſanne.*

EH bian, Mamſelle ! le vla Monſieu Richard ; parlais l'y donc ; mais il ne vous craira pas, vaña tais-vous-en.

AGATHE, *ſe jettant aux pieds de Michau & de Richard, ſucceſſivement.*

Ah, Monſieur Michau !… Ah, Richard !… Je viens me jetter à vos pieds, & vous ſupplier de m'entendre…

RICHARD, *la relevant.*

Relevez-vous, Agathe ;… je ne ſouffrirai pas…

MICHAU, *à Agathe.*

Oh, oh ! qui vous amene ici, ma Mie ? faut

êt' ben impudente pour ofer encore remettre les pieds cheux nous, après c'qu'ous avais fait !

RICHARD.

Eh ! mon pere, épargnez...

AGATHE, *en pleurs.*

J'avoue, Monfieur, que l'excès de ma hardieffe mériteroit ce nom, fi j'étois coupable ; mais c'eft le Marquis de Conchiny qui m'a enlevée malgré-moi..... mes pleurs m'empêchent....

HENRI.

A part. Conchiny ! Conchiny ! *Haut à Michau.* Qui eft cette fille-là ! elle m'intéreffe infiniment ; elle eft jolie.

MICHAU.

Ah ouiche! c'eft eune jolie fille qui s'eft vendue à ce vilain Marquis de Conchiny, pus-tôt que d'apoufer honnêtement mon fils ! Ça fait eune jolie fille, ça !

L'on frappe à la porte ; Margot & Catau arrivent & ouvrent.

SCENE XIII.

HENRI, MICHAU, AGATHE, RICHARD, LUCAS, MARGOT, CATAU, LE GAR-DE-CHASSE.

MARGOT ET CATAU , *ensemble.*

{ Mon mari, c'eft Monfieur le Garde-Chaffe.
{ Mon pere,

MICHAU.

Ah ! ah ! c'eft bian tard que. . . . .

Le GARDE-CHASSE.

C'eft , Monfieur Michau, qu'il y a trois Sei-gneurs qui ont chaffé aujourd'hui avec le Roi ; qui ont foupé chez moi , & à qui ma femme vient de dire que vous aviez chez vous un Seigneur de leurs amis, avec lequel elle vous avoit vû rentrer de la forêt. Mais, les voici. . . . . . Bon foir, Monfieur Michau.

MICHAU.

Bon foir, Monfieur le Garde-Chaffe.

Le Garde-Chaffe fe retire.

SCENE

SCENE XIV

ET DERNIERE.

HENRI, MICHAU, AGATHE, RICHARD, LUCAS, MARGOT, CATAU, Le Duc de SULLY, Le Duc de BELLEGARDE, Le Marquis de CONCHINY.

MICHAU.

VOYAIS, mes biaux Seigneurs, fi ce Monfieur là eft un Seigneur itout ; je ne l'crois pas; il s'eft dit Officier du Roi ; *tirant par le bras le Roi, qui a le vifage tourné d'un autre côté.* Voyais, reconnoiffais-vous ft'honnéte homme là ?

Le Duc de SULLY, le Duc de BELLE-GARDE, & le Marquis de CONCHINY,
enfemble.

Quoi ! c'eft vous, Sire!.... Sire, c'eft vous même !

MICHAU, MARGOT, LUCAS, CATAU, RICHARD & AGATHE, *tombant tous à genoux aux pieds du Roi.*

Quoi ! c'eft là le Roi! c'eft là notre bon Roi! notre grand Roi !

HENRI, *avec attendriffement.*

Relevez-vous, mes bonnes gens ; relevez-

H

vous, mes amis ; je le veux, mes enfans ; relevez-
vous , je vous l'ordonne.

AGATHE , *restant seule aux genoux du Roi.*

Non, Sire ; puisque c'est vous, je resterai à
vos pieds, pour vous demander justice d'un cruel
ravisseur ; du Marquis de Conchiny, qui m'a
arrachée à tout ce que j'aime, au moment que
j'étois prête à épouser Richard... les larmes étouf-
fent ma voix au point ..

Le Marquis de CONCHINY , *à part.*

Ciel ! c'est Agathe !

HENRI , *relevant Agathe , & d'un ton sévere.*

Conchiny , ... qu'avez-vous à répondre ?...
Eh bien ? eh bien ? répondez donc ! vous paroif-
sez interdit.

Le Marquis de CONCHINY *se rassurant un peu.*

C'est qu'un rien m'embarrasse, Sire ;... car,
dans le fond, pourquoi serois - je interdit ?...
&... n'avouerois - je pas à Votre Majesté une
affaire ... de pure galanterie ?

Le Duc de SULLY , *vivement.*

J'adore Dieu ! quelle galanterie !...

Le Duc de BELLEGARDE , *legerement,*
au Duc de Sully.

Et mais , il ne faut pas prendre cela au grave.

HENRI.

Laissez-le donc achever. Eh bien ?

Le Marquis de CONCHINY.

Eh bien, Sire, le fait eſt que j'ai eu envie, (*avec un rire forcé*) mais bien envie de cette jeune Payſanne ;.... qu'à la vérité, j'ai aidé un peu à la lettre pour lui faire voir Paris, malgré elle.

HENRI *l'interrompant.*

Malgré elle !.... vous y avez donc employé la violence ?

Le Marquis de CONCHINY.

Eh mais, Sire, ſi vous voulez ;.... C'eſt mon Valet de chambre qui me l'a amenée, avec bien de la peine ; & je vais....

HENRI, *d'un air ſévere.*

Eh, c'eſt cette violence que je punirai.

Le Marquis de CONCHINY, *avec feu.*

Ah, Sire, ne m'accablez point de votre cô lere ! J'avoue mon crime ; mais mon crime m'a été inutile, & n'a fait que tourner à ma honte. Agathe eſt vertueuſe ; Agathe ne m'a point cé dé la victoire ; & pour la remporter, elle a été juſqu'à vouloir attenter elle - même à ſa vie. J'atteſte le Ciel de la vérité de ce que je dis ; & qu'il me puniſſe ſur-le-champ, ſi je vous en im poſe.... Eh ! dans l'inſtant, c'eſt moins, je le jure à Votre Majeſté, la crainte de ma diſgrace, que les remords cruels & le repentir, qui...

H ij

HENRI, *l'interrompant d'un air noble &*
févere.

Mais, il ne me fuffit point, à moi, que par
cet aveu, par vos remords, par votre repentir,
Agathe foit juftifiée vis-à-vis de ces gens-ci;
le crime de votre part n'en eft pas moins com-
mis; je leur en dois la réparation. Ainfi donc :
je veux que vous faffiez une rente de deux cens
écus d'or à cette fille, & que...

AGATHE, *l'interrompant.*

Non, Sire; je me croirois deshonorée, fi j'ac-
ceptois de cet homme des bienfaits honteux qui
pourroient laiffer des foupçons...

RICHARD, *l'interrompant.*

Ah! divine Agathe! cet aveu du Marquis de
Conchiny,... & plus encore le refus que vous
venez de faire des biens ignominieux que l'on
vouloit le forcer de vous donner, eft pour moi
une pleine & entiere conviction de votre innocence.... Non, vous ne fûtes jamais coupable;
c'eft moi qui le fuis, d'avoir pû vous croire un
feul inftant criminelle; &...

MICHAU.

T'as raifon, mon fils; & tu peux à-préfent
époufer fte digne enfant là.

HENRI.

En ce cas-là, je me charge donc de la dette

de Conchiny. *Au Marquis.* Retirez-vous, & ne froissez pas devant moi, que je ne vous le fasse dire. *Conchiny se retire. A part, au Duc de Sully.* Aussi-bien, mon ami Rosny, je soupçonne violemment ce malheureux Italien là, d'être l'auteur de toutes les noirceurs qu'on vous a faites ; nous en parlerons dans un autre tems.... *Haut.* Oh ça, mes enfans, j'ai bien des engagemens à remplir ici : pour m'acquitter du premier , je donne dix mille francs à Agathe, & à votre fils, Monsieur Michau ; mais vous ne sçavez pas que j'ai promis à la belle Catau de lui faire épouser un certain Lucas, son amoureux, qui n'est pas bien riche ; & pour reparer cela , je leur donne aussi dix mille francs pour les unir.

> LUCAS, *sautant de joie.*

Dix mille francs , & Catau.

> MICHAU.

Quel bon Roi !

> RICHARD.

tous ensemble.

Ah, Sire !

> CATAU & AGATHE.

Quel bon Prince !

> HENRI.

Duc de Sully, que cette somme de vingt mille francs leur soit comptée ici, demain dans la journée ; je vous en donne l'ordre.

Le Duc de SULLY, *s'inclinant.*

Vous ferez obéi, Sire. *Se relevant & d'un air attendri.* Ah, mon cher Maître! par ces traits de justice & de générosité, vous me raviffez! Vous venez d'en agir en Roi, & en Père avec ces bons Payfans, qui font vos Sujets & vos Enfans, tout auffi bien que votre Nobleffe. Mais, Sire, vous nous devez aux uns & aux autres de ne point expofer votre vie à la chaffe, comme vous le faites tous les jours. *Avec colere.* Permettez-moi de le dire à Votre Majefté; cela me met, moi, dans une véritable colère. Vive Dieu! Sire, votre vie n'eft point à vous, vous en êtes comptabl. (*montrant le Duc de Bellegarde*) à des Serviteurs comme nous qui vous adorent; (*montrant les Payfans*) & au Peuple François dont vous voyez que vous êtes l'idole.

HENRI, *de l'air de la plus grande bonté.*

Oui, oui; tu as raifon, mon ami; tu m'attendris: ne me gronde plus, mon cher Rofny, à l'avenir je ferai plus fage.

MICHAU, *très-vivement.*

Morgué, Sire! c'eft que ce Gentilhomme n'a pas tort, au nom de Dieu, confarvez-nous vos jours; ils nous font fi chers!

www.ingramcontent.com/pod-product-compliance
Lightning Source LLC
Chambersburg PA
CBHW051733090426
42738CB00010B/2236